# 90 Recettes de Repas et de Jus pour se Débarrasser des Graisses Aujourd'hui!

## La Solution pour Chasser les Lipides au Loin Rapidement!

Par

## Joseph Correa

*Diététicien Certifié des Sportifs*

## DROITS D'AUTEUR

© 2016 Finibi Inc

Tous droits réservés

La reproduction ou la traduction d'une partie de ce travail au-delà de ce qui est permis par l'article 107 ou 108 de la Loi sur le droit d'auteur aux États-Unis sans la permission du propriétaire du droit d'auteur 1976 est illégale.

Cette publication est conçue pour fournir des informations exactes et fiables en ce qui concerne la matière couverte.

Elle est vendue avec la compréhension que ni l'auteur ni l'éditeur ne sont engagés dans l'apport de conseils médicaux. Si des conseils ou une assistance médicale deviennent nécessaires, consulter un médecin. Ce livre est considéré comme un guide et ne doit pas être utilisé en aucune façon pour nuire à votre santé. Consultez un médecin avant de commencer ce plan nutritionnel pour vous assurer qu'il s'adapte à vos besoins.

## REMERCIEMENTS

La réalisation et le succès de ce livre n'auraient pas pu être possibles sans la motivation et le soutien de ma famille.

# 90 Recettes de Repas et de Jus pour se Débarrasser des Graisses Aujourd'hui!

La Solution pour Chasser les Lipides au Loin Rapidement!

Par

## Joseph Correa

*Diététicien Certifié des Sportifs*

# SOMMAIRE

Droits d'Auteur

Remerciements

A propos de l'auteur

Introduction

Calendrier

90 Recettes de Repas et de Jus pour se Débarrasser des Graisses Aujourd'hui! La Solution pour Chasser les Lipides au Loin Rapidement!

Autres Grands Titre de cet Auteur

## A PROPOS DE L'AUTEUR

En tant que nutritionniste certifié des sportifs, je crois honnêtement dans les effets positifs qu'une nutrition convenable peut avoir sur le corps et l'esprit. Ma connaissance et mon expérience m'ont aidé à vivre en meilleure santé tout au long des années que j'ai partagées avec la famille et les amis. Plus vous en saurez sur le fait de manger et de boire pour une meilleure santé, plus tôt vous voudrez changer votre vie et vos habitudes alimentaires.

La nutrition est essentielle dans le processus d'être en bonne santé et le fait de vivre plus longtemps, alors commencez dés aujourd'hui.

## INTRODUCTION

90 Recettes de Repas et de Jus pour se Débarrasser des Graisses Aujourd'hui! La connaissance de ce que vous mangez et quand vous mangez fera toute la différence du monde. Si vous n'avez pas encore réussi dans le passé à perdre la graisse superflue, c'est maintenant votre chance d'accomplir le changement. Lisez ce livre et commencez à mener la vie que vous méritez. Le calendrier et les recettes des repas sont faciles à suivre et à comprendre.

Le fait d'être trop occupé pour manger correctement peut devenir quelquefois un problème et c'est pour cela que ce livre vous fera gagner du temps et vous aidera à nourrir votre corps afin d'atteindre les buts que vous vous êtes fixés.

Ce livre vous aidera à :

-Perdre du poids rapidement tout en mangeant de délicieux repas.

-Avoir plus d'énergie.

-Accélérer naturellement votre métabolisme pour devenir plus mince.

-Améliorer votre système digestif.

Joseph Correa est un diététicien certifié des sportifs et un athlète professionnel.

## CALENDRIER

**Semaine 1**

Jour 1:

Yogourt aux Fruits et Noix

Potage Chinois aux Œufs avec du Poulet et des Nouilles

Pilaf de Champignons avec du Citron

Jour 2:

Gratin d'Œufs et légumes pour petit-déjeuner

Sauté de Dinde Frit

Aubergines Farcies

Jour 3:

Guacamole pour Petit-déjeuner

Barbecue de Saumon Mariné au Citron

Salade d'Orange, Noix et Fromage Bleu

Jour 4:

Un Smoothie de Minceur

Salade de Poulet et Maïs

Légumes au Curry Rouge

Jour 5:

Crêpes de Farine d'Avoine et Bananes

Truite Sauvage

Courgettes Farcies

Jour 6:

Toast de Thon

Bœuf à l'Ail

Salade de Fruits

Jour 7:

Omelette au Bacon et Brie avec une Salade

Soupe de Riz et Tomate

Truite Fumée avec Salade de Betterave, Fenouil et Pomme


**Semaine 2**

Jour 1:

Smoothie de Baies (ou de Mûres)

Spaghetti avec du citron, des Brocolis et du Thon

Champignons Farcis

## Jour 2:

Rouleaux de Jeunes Oignons et Dinde

Poulet aux Champignons

Riz à la Mexicaine et Salade d'Haricots

## Jour 3:

Œufs Pochés avec Saumon Fumé et Epinards

Chili aux Haricots et Poivron

Bouillon aux Légumes Thaï et Lait de Coco

## Jour 4:

Hoummous avec du Pain Pita et des Légumes

Poisson Grillé avec des Tomates aux Epices Marocaines

Soupe aux Lentilles, Carottes et Orange

## Jour 5:

Gruau d'Avoine avec des Pommes et du Raisin

Ragoût de Fruits de Mer Epicé

Curry de Pois Chiches et Epinards

## Jour 6:

Feta et Omelette de Tomates Demi-Sèches

Poulet Farci aux Epinards et Dates

Carottes Rôties avec de la Grenade et du Fromage Bleu

Jour 7:

Yogourt aux Fruits et Noix

Curry de Crevettes

Riz à la Mexicaine et Salade d'Haricots


**Semaine 3**

Jour 1:

Omelette au Bacon et Brie avec une Salade

Chili aux Haricots et Poivron

Truite Sauvage

Jour 2:

Smoothie de Minceur

Bœuf à l'Ail

Aubergine Farcie

Jour 3:

*Guacamole de Petit-Déjeuner*

*Sauté de Dinde Frit*

*Salade de Fruits*

Jour 4:

*Gratin d'œufs et Légumes de Petit-déjeuner*

*Barbecue de Saumon Mariné au Citron*

*Légumes au Curry Rouge*

Jour 5:

*Crêpes de Farine d'Avoine et Bananes*

*Potage Chinois aux Œufs avec du Poulet et des Nouilles*

*Truite Fumée avec Salade de Betterave, Fenouil et Pomme*

Jour 6:

*Toast de Thon*

*Soupe de Riz et Tomate*

*Courgettes Farcies*

Jour 7:

*Smoothies de Baies (ou de Mûres)*

*Salade de Poulet de Maïs*

*Orange, noix et sauce au fromage bleu*

**Semaine 4**

Jour 1:

*Gruau d'Avoine avec des Pommes et du Raisin*

*Spaghetti au Citron avec des Brocolis et du Thon*

*Soupe aux Lentilles, Carottes et Orange*

Jour 2:

*Œufs Pochés avec du Saumon Fumé et des Epinards*

*Poulet aux Champignons*

*Curry de Pois-Chiches et Epinards*

Jour 3:

*Rouleaux de Jeunes Oignons et Dinde*

*Ragoût Epicé de Fruits de Mer*

*Carottes Rôties avec Grenade et Fromage Bleu*

Jour 4:

*Feta Omelette de Tomates Demi-Sèches*

*Chili aux Haricots et Poivron*

Salade de Fruits

Jour 5:

Houmous avec du Pain Pita et des Légumes

Curry de Crevettes

Riz à la Mexicaine et Salade d'Haricots

Jour 6:

Yogourt aux Fruits et Noix

Poulet Farci aux Epinards et Dates

Bouillon aux Légumes Thaï et Lait de Coco

Jour 7:

Guacamole de Petit-Déjeuner

Truite Sauvage

Aubergine Farcie

## 2 journées supplémentaires pour un mois complet :

Jour 1:

*Smoothie de Minceur*

*Salade de Poulet et Maïs*

*Salade d'Orange, Noix et Fromage Bleu*

Jour 2:

*Toast de Thon*

*Sauté de Dinde Frit*

*Légumes au Curry Rouge*

# RECETTES DE REPAS

## PETIT-DEJEUNER

### 1.    Feta et Omelette de Tomate Demi-Sèche

Une recette vraiment rapide, simple, basse calorie qui donnera à votre début de journée le démarrage tonique qu'il mérite. Pour rehausser un peu plus le goût, utilisez des tomates qui ont été conservées dans un mélange d'huile d'olive et d'herbes italiennes.

**Ingrédients** (1 portion):

2 œufs légèrement battus
25g de fromage feta, émietté
4 tomates demi-sèches, grossièrement coupées
1 cuillère à café d'huile d'olive
Des feuilles de salades mélangées, pour servir

Temps de Préparation : 5 min
Temps de Cuisson : 5 min

**Préparation:**

Chauffez l'huile dans une petite poêle, antiadhésive, ajoutez ensuite les œufs et faites-les cuire, en les remuant avec une cuillère en bois. Quand les œufs sont encore un peu liquides dans le milieu, ajoutez les tomates et la feta, pliez ensuite l'omelette à moitié. Faites cuire encore 1 minute, puis faites glisser l'omelette sur une assiette et servir avec un mélange de feuilles de salade.

**Valeur nutritive** par portion: 300kcal, protéine 18g, graisse 20g (7g saturés), glucides 5g (fibre de 1g, 4g de sucre), sel 1.8g, 15% calcium, 22% vitamine D, 20% vitamine A, 15% vitamine C, 25% vitamine B12.

## 2. Gruau d'Avoine avec des Pommes et du Raisin

Un petit-déjeuner chaud et apaisant riche en calcium qui est léger pour l'estomac et parfait comme repas de pré-entraînement, en raison de son fort contenu en glucides. Saupoudrez d'un peu de cannelle pour un parfum doux, boisé.

**Ingrédients** (2 portions):

50g de flocons d'avoine
250ml de lait écrémé
2 pommes épluchées et découpées en dés
50g de raisins
½ cuillère à soupe de miel

Temps de Préparation : 5min
Temps de Cuisson : 10 min

**Préparation:**

Apportez le lait à ébullition dans une casserole à chaleur moyenne et mélangez avec l'avoine pendant 3 minutes. Quand le mélange devient crémeux, ajoutez les pommes et les raisins secs et faites bouillir encore 2 minutes. Versez le mélange dans 2 bols, ajoutez le miel et servez immédiatement.

**Valeur nutritive** par portion: 256kcal, protéine 9g, graisse 2g (1g saturé), glucides 47g (fibre de 4g, 34g de sucre), 17% calcium, 11% fer, 17%magnésium.

## 3. Houmous avec du Pain Pita et des Légumes

C'est un petit déjeuner simple et nutritif que vous pouvez préparer vite le matin et l'emporter au travail. Le Houmous se garde bien dans le réfrigérateur et les légumes peuvent être mis dans le pain pita, faisant un sandwich facile à emporter.

**Ingrédients** (2 portions):

1 Boîte 1200 gr de pois-chiches, égouttés
1 gousse d'ail, écrasée
25g de tahinée (spécialité orientale)
¼ cuillère à café de cumin
Du jus d'¼ de citron
Sel, poivre
3 cuillères à soupe d'eau
2 pains pita au blé complet
200g de légumes variés (carottes, céleri, concombre)

Temps de Préparation : 15 min
Pas de Cuisson

**Préparation:**

Mélangez les pois-chiches, l'ail, le tahinée, le cumin, le jus de citron, le sel, le poivre et l'eau dans un robot de cuisine et mixer plusieurs fois jusqu'à ce que le mélange devienne crémeux.

Servez avec le pain pita toasté et le mélange de légumes.

**Valeur nutritive** par portion: 239kcal, protéine 9g, graisse 9g (1g saturé), glucides 28g (fibre de 6g, 4g de sucre), sel 1.1g, fer 27%, magnésium 23%, 14% de vitamine B1.

## 4. Tortillas de Jeunes Oignons et Dinde

Quelle meilleure façon d'utiliser les restes de dinde, que de faire un rapide et délicieux sandwich tortilla ? Faites-vous un plaisir qui est riche en protéines, faible en graisses saturées et aromatisé au goût acidulé de basilic.

**Ingrédients** (2 portions):

130g de dinde cuite (bouillie ou rôtie), coupée en morceaux
3 jeunes oignons, coupés en morceaux
1 concombre, coupé en morceaux
2 feuilles de salade frisée
1 cuillère à soupe de mayonnaise légère
1 cuillère à soupe de pesto (sauce à base de basilic et d'huile d'olive)
2 tortillas de blé complet (crêpes mexicaines)

Temps de Préparation : 5minutes
Pas de Cuisson

**Préparation:**

Mélangez ensemble le pesto et la mayonnaise. Divisez la dinde, les jeunes oignons, le concombre et les feuilles de laitue entre les 2 tortillas. Mouillez avec la sauce pesto, enveloppez le tout et servez.

**Valeur nutritive** par portion: 267kcal, protéine 24g, graisse 9g (2g saturé), glucides 25g (fibre de 2g, 3g sucre), sel 1.6g, 34% de vitamine B3, 27% de vitamine B6.

## 5. Smoothie de Baies (ou de Mûres)

Quelle meilleure façon de prendre la valeur de la moitié d'une journée du calcium recommandé qu'avec ce repas à base de yogourt crémeux ? Ajoutez quelques fibres et rendez-le encore plus nutritif, en gardant la moitié des baies hors du mixer et en les ajoutant quand le smoothie sera fait.

**Ingrédients** (2 portions):

450g de baies congelées
450g yogourt pauvre en matières grasses
100ml lait écrémé
25g flocons d'avoine
1 cuillère à café de miel (optionnel)

Temps de Préparation : 10 min
Pas de Cuisson

**Préparation:**

Mélangez les baies, le yogourt et le lait dans un robot de cuisine jusqu'à ce que la préparation devienne crémeuse. Ajoutez les flocons d'avoine et remuez. Versez dans 2 verres. Servez avec un peu de miel.

**Valeur nutritive** par portion: 234kcal, protéine 16g, graisse 2g (2g saturé), glucides 36g (14g de sucre), 45% calcium, 11% magnésium, 18% vitamine B2, 21% vitamine B12.

## 6. Œufs pochés avec du Saumon Fumé et des Epinards

Un petit-déjeuner copieux et riche en protéines qui permettra de démarrer votre journée avec satisfaction. Vous n'aurez aucun problème à atteindre votre exigence quotidienne de vitamine A et votre cœur vous dira merci pour la quantité cordiale d'acides gras oméga 3.

**Ingrédients** (1 portion):

2 œufs
100g d'épinards, hachés
50g saumon fumé
1 cuillère à soupe de vinaigre blanc
Un peu de beurre à étaler
1 tranche de pain de blé complet, toasté


Temps de Préparation : 5 min
Temps de Cuisson: 20 min


**Préparation:**

Chauffez une poêle antiadhésive, mettez-y les épinards et remuez pendant 2 minutes.

Pour pocher les œufs, portez à ébullition une casserole d'eau, ajoutez le vinaigre et baissez ensuite la chaleur pour que l'eau bouillonne à petit feu. Remuez l'eau jusqu'à ce que vous ayez un tourbillon léger, faites alors glisser les œufs un par un. Cuisinez chacun pendant environ 4 minutes puis sortez l'œuf avec une cuillère creuse.

Beurrez le morceau de toast puis mettez-y les épinards, le saumon fumé et les œufs. Assaisonnez selon votre goût et servez.

**Valeur nutritive** par portion: 349kcal, protéine 31g, graisse 19g (6g saturé), glucides 13g (fibre 4g, 2g de sucre), sel 3.6g, 23% fer, 23% magnésium, 197% vitamine A, 46% vitamine C, 21% vitamine D, 15% vitamine B6, 18% vitamine B12.

## 7.     Omelette au Bacon et Brie avec une Salade

Une omelette délicieuse pour ceux qui préfèrent commencer la journée avec un repas satisfaisant pour la bonne santé, avec des œufs et des protéines. Coupez l'omelette dans les coins pour un semblant de frittata et savourez-la avec une salade à la place du pain pour réduire les calories.

**Ingrédients** (2 portions):

3 œufs, légèrement battus
100g de lardons fumés
50g de brie, tranché
Un petit bouquet de ciboulette, coupé
1 cuillère à soupe d'huile d'olive
½ cuillère à café de vinaigre rouge
½ cuillère à café de moutarde de Dijon
½ concombre coupé dans la moitié et égrené
100g radis, coupés en quatre


Temps de Préparation : 5 min
Temps de Cuisson : 15 min


**Préparation:**

Faites chauffer une petite casserole, mettez-y les lardons et faites les frire jusqu'à ce que les lardons soient croustillants, sortez-les alors de la casserole et faites les égoutter sur un papier de cuisine.

Chauffez 1 petite cuillère d'huile dans une poêle antiadhésive, mélangez ensuite ensemble les lardons, les œufs et du poivre moulu. Mettez le tout dans la poêle et cuisinez à chaleur basse jusqu'à ce que ce soit presque cuit, ajoutez ensuite le Brie et faites griller jusqu'à ce que ce soit cuit et doré.

Mélangez l'huile d'olive restante, le vinaigre, l'assaisonnement et la moutarde dans un bol et ajoutez les radis et le concombre. Servez à côté de l'omelette.

**Valeur nutritive** par portion:395kcal, protéine 25g, graisse 31g (12g saturé), glucides 3g (fibre 2g, 3g de sucre), sel 2.2g, 10% vitamine A, 13% vitamine C, 15% vitamine D, 13% vitamine B12.

## 8. Smoothie de Minceur

Un smoothie végétalien sans produit laitier avec du jus de grenade qui vous stimulera pour le travail, ou soutiendra votre entraînement. Vous pouvez ajouter une cuillère à soupe de graines de lin moulues pour avoir 2g de fibre à faible coût pour un supplément de 37 kcal.

**Ingrédients** (1 portion):

125ml de lait de soja
150ml de jus de grenade
30g de tofu
1 grande banane, coupée en morceaux
1 cuillère à café de miel
1 cuillère à soupe d'amandes effilées
2 cubes de glace

Temps de Préparation : 5 min
Pas de Cuisson

**Préparation:**

Mélangez le lait de soja et le jus de grenade avec 2 cubes de glace jusqu'à ce que la glace fonde.

Ajoutez la banane, le miel et le tofu et mélangez jusqu'à ce que ça devienne crémeux, versez ensuite le mélange dans un verre et saupoudrez-le avec les amandes effilées.

**Valeur nutritive** par portion:366kcal, protéine 10g, graisse 12g (1g saturé), glucides 55g (fibre de 4g, 50g de sucre), 13% calcium, 11% fer, 15% magnésium, 14% vitamine C, 25% vitamine B6.

## 9. Thon sur Toast

Une recette vraiment rapide de basse calorie, qui livre une haute quantité du protecteur de neurone B12. Si vous voulez une augmentation d'énergie, étendez la pâte sur un morceau de pain de blé complet à environ 120 kilocalories par morceau et servez avec les poivrons à côté.

**Ingrédients** (4 portions):

2 boîtes de Thon en eau (185g), à moitié égoutté
3 œufs durs bouillis
1 jeune oignon de printemps, finement coupé
5 petits cornichons, coupés en dés
Sel, poivre
4 poivrons, coupés en deux, épépinés

Temps de Préparation : 5 min
Temps de Cuisson : 10 min

**Préparation:**

Mélangez le thon, les œufs, le jeune oignon printanier, les cornichons et l'assaisonnement dans un robot de cuisine et mixez jusqu'à obtenir un mélange lisse.

Remplissez les moitiés des poivrons avec la composition et servez.

**Valeur nutritive** par portion: 240kcal, protéine 23g, graisse 8g (2g saturé), glucides 4g (fibre 1g, 2g de sucre), 14% magnésium, 47% vitamine A, 28% vitamine B6, 142% vitamine B12.

## 10. Crêpes de Farine d'Avoine et Bananes

Appréciez cette version de crêpes meilleure pour la santé qui remplace les simples flocons d'avoine roulés. La banane fait un remplaçant subtil du sucre, mais vous pouvez aussi ajouter 1 petite cuillère de miel (23 kilocalories par petite cuillère) si vous en avez envie.

**Ingrédients** (8 crêpes):

50g de flocons d'avoine roulés
4 œufs, légèrement battus
2 bananes, coupées en morceaux
½ cuillère à café de cannelle
1 cuillère à café d'huile d'olive pour chaque crêpe

Temps de Préparation : 5 min
Temps de Cuisson : 30 min

**Préparation:**

Mélangez tous les ingrédients dans un robot de cuisine. Chauffez une poêle antiadhésive, ajoutez une petite cuillère d'huile et versez ¼ tasse du mélange dans la poêle. Faites cuire de chaque côté jusqu'à ce que la crêpe devienne légèrement marron.

**Valeur nutritive** par crêpe : 135kcal, protéine 4g, graisse 13g (3g saturé), glucides 10g (fibre de 1g, 3g de sucre).

## 11. Guacamole de Petit-déjeuner

Vous ne pouvez pas rater un repas qui contient de l'avocat. Riche en graisses saines pour la santé et en fibres, avec une texture lisse et un goût richement amélioré par un peu de jus de citron, ce guacamole de petit-déjeuner vous stimulera jusqu'au déjeuner.

**Ingrédients** (2 portions):

1 avocat mûr
1 grande tomate, grossièrement découpée
1 jeune oignon de printemps, finement découpé
1 gousse d'ail écrasée
Jus de citron d'un ½ citron
Sel
Poivre noir
2 tranches de pain de blé complet, toastés

Temps de Préparation : 5 min
Pas de Cuisson

**Préparation:**

Coupez l'avocat en deux moitiés, dans le sens de la longueur, creusez ensuite la pulpe avec une cuillère et mettez-la dans un grand bol. Écrasez-la avec une fourchette. Versez du jus de citron sur la pulpe et ajoutez la tomate coupée, le jeune oignon printanier et l'ail.

Assaisonnez avec le sel et beaucoup de poivre noir. Mélangez le tout, étendez-le sur un morceau de toast et servez immédiatement.

**Valeur nutritive** par portion : 280kcal, protéine 9g, graisse 13g (2g saturé), glucides 30g (fibre 9g, 5g de sucre), 10% fer, 17% magnésium, 14% vitamine A, 29% vitamine C, 17% vitamine B6.

## 12. Gratin d'Œufs et Légumes pour Petit-déjeuner

Un petit-déjeuner inventif, facile à faire en faisant cuire un œuf au four au lieu de le faire frire, ce qui réduit un montant substantiel de graisses saturées. Les œufs le rendent plus nourrissant, alors que les légumes ne sont pas seulement délicieux, mais en plus, bourrés de vitamine A et C.

**Ingrédients** (1 portion):

2 grands champignons communs
2 tomates moyennes, coupées en deux
100g d'épinards
2 œufs
1 gousse d'ail, finement tranchée
1 cuillère à café d'huile d'olive


Temps de Préparation : 5 min
Temps de Cuisson : 30 min

**Préparation:**

Chauffez le four à 200C /gaz no.6. Placez les tomates et les champignons dans un plat allant au four. Ajoutez l'ail, arrosez d'huile et d'assaisonnement et faites cuire pendant 10 minutes.

Mettez les épinards dans une grande casserole et versez dessus une bouilloire d'eau bouillante pour les réduire. Enlevez l'excès d'eau et ajoutez les épinards au plat. Faites un petit espace entre les légumes et cassez les œufs dans le plat. Cuisinez depuis encore 10 minutes dans le four jusqu'à ce que les œufs soient cuits.

**Valeur nutritive** par portion : 254kcal, protéine 18g, graisse 16g (4g saturé), glucides 16g (fibre 6g, 10g de sucre), 31% fer, 17% calcium, 29% magnésium, 238% vitamine A, 11% vitamine D, 102% vitamine C, 18% vitamine B1, 51% vitamine B2, 20% vitamine B3, 29% vitamine B6, 22% vitamine B12.

## 13. Yogourt aux Fruits et aux Noix

Une grande alternative aux céréales, ce petit-déjeuner riche en glucides vous gardera pleinement satisfaits jusqu'au déjeuner et vous donnera l'énergie d'un bon départ pour vous attaquer à vos tâches. Le mélange de noix offre un montant substantiel de graisses saines pour la santé, alors que le yogourt assure que vous recevez la valeur de la moitié recommandée de calcium pour une journée.

**Ingrédients** (1 portion):

1 banane moyenne, en tranches
100g de myrtilles (fraîches ou congelées et décongelées)
20g de noix
20g de noisettes
10g de raisins
200g de yogourt sans matières grasses

Temps de Préparation : 5 min
Pas de Cuisson

**Préparation:**

Mélangez les fruits avec les noix, versez dans un bol avec le yogourt par-dessus et servez.

**Valeur nutritive** par portion : 450kcal, protéine 13g, graisse 25g (2g saturé), glucides 54g (fibre 9g, 32g de sucre), 44% calcium, 16% magnésium, 30% vitamine C, 36% vitamine B6.

# DÉJEUNER

## 14. Soupe aux œufs brouillés avec poulet et nouilles

Un plat rapide et facile à faire, parfait pour un repas de midi. Les nouilles contiennent assez d'énergie our augmenter les glucides qui vous soutiendront toute la journée, et la viande est chargée de vitamine B.

**Ingrédients** (2 portions):

1 poitrines de poulet désossée sans peau, , coupée en dés
1 œuf battu
0.6l bouillon de poulet
1 oignon, finement haché
70g nouilles de blé entier
70g maïs doux congelé, ou épis de maïs coupé en deux
Jus de citron
¼ de cuillère à café de vinaigre de Xérès

Temps de préparation: 10 min
Temps de cuisson: 15 min

**Préparation:**
Placer le poulet et la soupe dans une grande casserole et porter à ébullition pendant 5 min. Les nouilles doivent être cuites en suivant les instructions sur l'emballage.

Ajouter le maïs et faire bouillir pendant 2 min. Incorporer le bouillon et alors qu'il est juste au point d'ébullition, tenir une fourchette sur la casserole et versez les oeufs sur les tiges lentement. Remuez de nouveau dans la même direction, puis eteindre. Ajouter le jus de citron et le vinaigre.

Égoutter les pâtes et les diviser entre 2 bols. Verser le bouillon, disperser les oignons hachés dessus et servir.

**Valeur nutritive** par portion: 273kcal, protéine 26g, graisse 6g (1g saturé), glucides 30g (fibre 3g, 2g de sucre), sel 1g, 96% de vitamine B3, 42% de vitamine B6.

## 15. Poulet et Salade de maïs

Un poulet épicé au paprika, servi avec du maïs sucré grillé et laitue fraiche, craquante, se sert comme une salade rapide et saine, avec de grandes quantités de vitamine B. La sauce à base d'ail releve un repas déjà savoureux.

**Ingrédients** (2 portions):
2 petites poitrines de poulet
1 Épi de maïs
2 petites laitues, coupées en quartiers dans le sens de la longueur
½ concombre, coupé en dés
1 gousses d'ail écrasée
1 cuillère à soupe d'huile d'olive
1 cuillère à café de paprika
jus d'un demi-citron
Vinaigrette (2 portions):
1 gousse d'ail écrasée
75ml de lait caillé
1 cuillère à soupe de vinaigre de vin blanc

Temps de préparation: 20 min
Temps de cuisson: 20 min

**Préparation**:
Couper les poitrines de poulet en longueur dans la moitié de sorte que vous aurez 4 lanières de poulet. Mélanger le paprika, l'ail, l'huile 1 cuillère à café de jus de citron avec

un peu de l'assaisonnement et laisser mariner le poulet pendant au moins 20 min.

Faites chauffer une poêle, ajouter le reste d'huile et faire cuire le poulet pendant 3-4 min de chaque côté jusqu'à ce qu'il soit bien cuit. Badigeonner le reste de l'huile et griller le maïs sur la plaque chauffante pendant environ 5 minutes ou jusqu'à ce qu'ils soit légèrement noirci. Assurez-vous de le cuire uniformément. Retirer les épis de maïs et enlever les graines.

Mélanger les ingrédients avec la vinaigrette.

Mélanger le concombre et la laitue, mettre le poulet et le maïs sur le dessus et arroser de vinaigrette.

**Valeur nutritive** par portion: 253kcal, protéine 29g, graisse 8g (1g saturé), glucides 14g (fibre 3g, sucre 6g), 20% de fer, 40% de magnésium, 96% de vitamine B3, 72% de vitamine B6.

## 16. Spaghetti Citron au Brocoli et au Thon

15 minutes est tout ce qu'il faut pour attiser cette pâte au poisson piquante qui emballe un punch d'énergie significative. Le mélange de spaghetti, thon et légumes en font un plat nutritif tous azimuts.

**Ingrédients** (2 portions):
180g de spaghetti de blé entier
100g de thon à l'huile en boite, égoutté
125g de brocoli en bouquets
40g olives vertes dénoyautées, en quartiers
1 cuillère à soupe de câpres, égouttées
jus et le zeste de ½ citron
1 cuillère à café d'huile d'olive, un peu plus pour la bruine

Temps de préparation: 5 min
Temps de cuisson: 10 min

**Préparation**:

Faire bouillir les spaghettis selon les instructions sur l'emballage. 6 min apres, ajouter le brocoli et faire bouillir pendant 4 minutes, ou plus jusqu'à cuisson des deux ingrédients.

Mélanger les olives, les échalotes, les câpres, le thon, le zeste de citron et le jus dans un grand bol. Égoutter les pâtes et le brocoli, ajouter dans le bol, bien mélanger avec l'huile d'olive et le poivre noir et servir.

**Valeur nutritive** par portion: 440kcal, protéine 23g, graisse 11g (2g saturé), glucides 62g (fibre 5g, sucre 4g), sel 1,4 g, 12% de fer, 20% de magnésium, 25% de vitamine A, 50% de vitamine B3, 25 % de vitamine B6, vitamine B12 90%.

## 17. Barbecue de saumon frotté au citron

Riche en graisses saines, en protéines et en vitamines B, le saumon est un poisson qui mérite certainement une place sur votre plaque. Servir avec un simple mélange de tomate et salade verte pour savourer le goût délicat de ce repas citronné.

**Ingrédients** (2 portions):

2 X 150g de filets de saumon sans aretes
jus et zeste d'un demi citron
10g d'estragon frais, haché finement
1 gousse d'ail, hachée finement
1 cuillère à soupe d'huile


Temps de préparation: 5 min
Temps de cuisson: 10 min


**Préparation**:

Incorporer le zeste de citron et le jus, l'ail, l'estragon et l'huile d'olive dans un plat, assaisonner de sel et de poivre, puis ajouter les filets de saumon. Frottez le mélange sur le poisson, couvrir et laisser reposer pendant 10 min.

Chauffer le barbecue au maximum, retirez les filets de saumon de la marinade, les mettre sur un papier de cuisson et griller pour 7-10 min. Servi lorsque le saumon est bien cuit.

**Valeur nutritive** par portion: 322kcal, protéine 31g, 22g de graisse (4g saturé), glucides 1g, 12% de vitamine B2, 30% de vitamine B1, 60% de vitamine B3, 45% de vitamine B6, 79% de vitamine B12.

## 18. Soupe au Riz et a la Tomate

Un plat copieux, la soupe au riz et a la tomate est une excellente façon de profiter des tomates fraîches et savoureuses disponibles en été. Vous pouvez également le servir froid, pour un effet rafraîchissant.

**Ingrédients** (2 portions):

70g de riz brun
200g Tomates, hachées
1 cuillère à café de Purée de tomates
1 oignon, haché finement
1 petite carotte, hachée finement
½ branche de céleri, hachée finement
½ l de bouillon de légumes fait avec 1 cube
1 cuillère à café de sucre brun
1 cuillère à café de vinaigre
Quelques feuilles de persil, haché
Quelques gouttes de pesto, pour servir (facultatif)

Temps de préparation: 10 min
Temps de cuisson: 35 min

**Préparation**:

Chauffer l'huile dans une grande casserole, ajouter la carotte, le céleri et l'oignon et mettre à feu moyen jusqu'à cuisson. Ajouter le vinaigre et le sucre, faire cuire pendant 1 min, puis bien mélanger la purée de tomate. Ajouter les tomates, le bouillon de légumes et le riz brun, couvrir et laisser mijoter pendant 10 min.

Diviser en deux bols, et saupoudrer d'un peu de persil, assaisonner. Ajouter le pesto sselong le gout (facultatif).

**Valeur nutritive** par portion: 213kcal, protéines 6g, graisse 3g (1g saturé), glucides 39g (fibre 4g, sucre 13g), sel 1,6 g, 16% de vitamine A, 22% de vitamine C.

## 19. Épinards et dattes farcies au poulet

Riche en protéines, avec une quantité équilibrée de glucides et beaucoup de vitamines, ce repas sain couvre à peu près tout, des éléments nutritifs au goût. La date et les épinards farce ajouter une douceur bienvenue.

**Ingrédients** (2 portions):

2 poitrines de poulet désossées sans peau
100 g d'épinards hachés
1 petit oignon haché finement
1 gousse d'ail hachée finement
4 dates hachées finement
1 cuillère à soupe de jus de grenade ou de miel
1 cuillère à café de cumin
1 cuillère à soupe d'huile d'olive
100g de haricots verts surgelés

Temps de préparation: 10 min
Temps de cuisson: 15 min.

**Préparation:**

Préchauffer le four à 200C ventilateur / gaz no. 6

Chauffer l'huile dans une poêle antiadhésive, ajouter l'oignon, l'ail et une pincée de sel et cuire pendant 5 minutes avant d'ajouter les dates, les épinards et la moitié du cumin. Cuire encore 1-2 min.

Couper les poitrines de poulet en deux en longueur, et laisser une partie intacte de manière pouvoir les ouvrir comme un livre. Farcir les filets de poulet et les mettre dans un plat allant au four, ajouter le reste du cumin et l'assaisonnement, saupoudrer avec le miel ou le jus de grenade et cuire au four pendant 20 min. Servir avec les petits pois surgelés, légèrement cuits à la vapeur.

**Valeur nutritive** par portion: 257kcal, protéine 36g, graisse 4g (1g saturé), glucides 21g (fibre 3g), 17% de fer, 23% de magnésium, 97% de vitamine A, 36% de vitamine C, 96% de vitamine B3, 49% de vitamine B6.

## 20. Chili d'haricots et Poivrons

Un repas de midi végétarien sain avec une touche épicée, ce plat est un excellent moyen d'obtenir 1.2 au 1.3 de votre apport quotidien nécessaire en fibre. Vous pouvez servir sur une petite portion de riz brun cuit avec environ 170kcal ajoutés à votre repas.

**Ingrédients** (2 portions):

Poivrons 170g, épépiné et tranché
200g haricots à la sauce chili
200g de haricots noirs, égouttés
200g Tomates hachées
1 petit oignon, haché
1 cuillère à café de cumin
1 cuillère à café de poudre de chili
1 cuillère à café de paprika doux fumé
1 cuillère à café d'huile d'olive

Temps de préparation: 15 min
Temps de cuisson: 30 min

**Préparation**:

Chauffer l'huile dans une grande poêle, ajouter l'oignon et le poivre et cuire pendant 8-10 min jusqu'à cuisson. Ajouter les épices et cuire pendant 1 min.

Versez les haricots et les tomates, porter à ébullition et laisser mijoter pendant 15 min. Lorsque le chili a épaissi, assaisonner et servir.

**Valeur nutritive** par portion: 183kcal, protéine 11g, graisse 5g (1g saturé), glucides 26g (fibre 12g, sucre 12g), 16% de fer, 14% de magnésium, 16% de vitamine A, 22% de vitamine C, 14% de vitamine B1.

## 21. Bœuf à l'ail

Profitez d'un steak de bœuf vite fait qui n'est pas seulement riche en protéines et faible en gras et en glucides, mais aussi chargé avec de la vitamine B. Couple avec quelques tomates cerises pour un remplissage et un repas copieux et rafraîchissant.

**Ingrédients** (2 portions):

300g de filet de bœuf bien taillé
3 gousses d'ail
2 cuillères à soupe de vinaigre de vin rouge
1 cuillère à café de poivre noir en grains
200g de tomates cerise coupées en deux avec un peu de vinaigre

Temps de préparation: 10 min
Temps de cuisson: 15 min

**Préparation:**

Concasser les grains de poivre et l'ail avec une pincée de sel dans un mortier et un pilon jusqu'à ce que vous ayez une pâte légèrement lisse, puis ajouter le vinaigre. Disposez la viande dans un plat, puis frottez la pâte uniformément. Laisser reposer au réfrigérateur pendant 2 heures.

Placer une poêle à griller sur un feu très chaud. Egoutter la viande de la marinade, ajouter du sel. Faire cuire la viande pendant environ 5 min, jusqu'à ce qu'elle soit bien grillée de chaque côté (assurez-vous que la coupe n'est pas trop épaisse). Soulevez la viande sur une planche à découper, puis laisser reposer pendant 5 minutes avant de la découper en tranches. Servir avec des tomates cerise.

**Valeur nutritive** par portion: 223kcal, protéine 34g, graisses 6g, glucides 7g (fibre 1g, sucre 3g), 22% de fer, 16% de vitamine A, 22% de vitamine C, 27% de vitamine B2, 42% de vitamine B3, 30% de vitamine B6, 64% de vitamine B12.

## 22. Poisson grillé avec tomates marocaines aux épices

Un repas à base de daurade fait une excellente source de protéines. La sauce sud-africaine avec ses épices aromatiques complimente son goût et il va aussi bien avec les sardines et le bar.

**Ingrédients** (2 portions):

2 X 140g filets de daurade sans peau
3 grosses tomates
1 ½ gros poivron rouge, épépinés et réduit de moitié
2 gousses d'ail écrasées
Huile d'olive 20ml
1 cuillère à café de cumin
1 cuillère à café de paprika
1/8 cuillère à café de poivre noir
Une pincée de poivre de Cayenne
Petit bouquet de persil, haché grossièrement
Petit bouquet de coriandre, haché grossièrement

Temps de préparation: 30 min
Temps de cuisson: 15 min

**Préparation:**

Chauffer le barbecue à feu fort, placer le côté face vers le haut des poivrons sur une plaque à pâtisserie et mettre sous le gril jusqu'à ce qu'il soit bien brun et boursouflé.

Placer dans un bol couvert hermétiquement et laissez refroidir. Quand ils sont froids, enlever les peaux brûlées puis les couper en petits morceaux.

Peler les tomates, puis les couper en quartier, retirez les graines et les dés.

Chauffer l'huile dans une grande poêle, ajouter l'ail, le poivre et les épices et cuire pendant 2 min. Ajouter les poivrons et les tomates et cuire à feu moyen jusqu'à ce que les tomates soient très molles. Concasser les tomates et poursuivre la cuisson jusqu'à ce que le liquide soit réduit à une sauce.

Chauffer le barbecue à feu fort, placer le poisson sur une plaque à pâtisserie recouverte de papier d'aluminium légèrement huilée. Assaisonner et cuire pour 4-5 min jusqu'à cuisson totale. Diviser la sauce entre les plaques placer le poisson dessus et servir avec les herbes hachées.

**Valeur nutritive** par portion: 308kcal, protéines 25 g, graisse 18g (2g saturé), glucides 16g (fibre 4g, 12 g sucre), 23% de magnésium, 45% de vitamine A, 55% de vitamine C, 12% de vitamine B1, 12% de vitamine B2, 14% de vitamine B3, 34% de vitamine B6.

## 23. Curry de crevettes

Ce délicieux curry ne vous prendra que 20min, un plat de fruit de mer au gout de curry. La sauce crémeuse, à l'arome de cerise convient très bien a un accompagnement de riz brun cuit, a peu près 175kcal per portion.

**Ingrédients** (2 portions):

200g de crevettes crues congelées
200g de tomates hachées
25g de crème de noix de coco en sachet
1 petit oignon, haché
1 cuillère à café de pâte de curry thaï rouge
½ cuillère à café de racine de gingembre frais
1 cuillère à café d'huile d'olive
Coriandre, haché


Temps de préparation: 5 min
Temps de cuisson: 15 min


**Préparation:**

Chauffer l'huile dans une casserole. Ajouter l'oignon et le gingembre et cuire pendant quelques minutes jusqu'à ce qu'ils ramollissent. Ajouter la pâte de curry, remuer et laisser cuire pendant 1 min environ. Verser dessus les tomates et la crème de noix de coco, porter à ébullition et laisser mijoter pendant 5 minutes, ajouter un peu d'eau bouillante si la concoction est trop épaisse.

Ajouter les crevettes et cuire encore 5-10 min. Saupoudrer de coriandre hachée et servir.

**Valeur nutritive** par portion: 180kcal, protéines 20 g, matières grasses 9g (4g saturé), glucides 6g (fibre 1g, sucre 5g), sel 1g, 18% de fer, 10% de magnésium, 20% de vitamine A, 26% de vitamine C, 13% vitamine B3, 25% vitamine B12.

## 24. Poulet aux champignons

Un plat sain, ce ragoût de poulet contient beaucoup de protéines qui va vous rassasier jusqu'au dîner. Les cuisses de poulet ajoutent de la saveur et du jus, tandis que les champignons donnent une sensation piquante à ce repas de midi faible en calories.

**Ingrédients** (2 portions):

250g désossé, cuisses de poulet sans peau
125ml de bouillon de poulet
25g de petits pois surgelés
150g de champignons
25g cubes de pancetta
1 grosse échalote, hachée
1 cuillère à soupe d'huile d'olive
1 cuillère à café de vinaigre de vin blanc
Farine, pour saupoudrer
Petite poignée de persil, haché finement

Temps de préparation: 15 min
Temps de cuisson: 25 min

**Préparation**:

Chauffer 1 cuillère à café d'huile dans une poêle antiadhésive, assaisonner et enrober le poulet avec de la farine. Griller de tous les côtés, puis retirez le poulet et faire revenir la pancetta et les champignons jusqu'à ce qu'ils ramollissent.

Mettez le reste de l'huile d'olive et faire cuire les échalotes pendant 5 min. Ajouter le bouillon, le vinaigre et faire bouillir pendant 1-2 min. Remettre le poulet, pancetta et les champignons dans la poêle et faire cuire pendant 15 min. Ajouter les petits pois et le persil, faire cuire 2 minutes, puis servir.

**Valeur nutritive** par portion: 260kcal, protéine 32g, graisse 13g (3g saturé), glucides 4g (fibre 3g, 1 g de sucre), sel 1g, 21% de fer, 39% de vitamine D, 12% de vitamine B2, 34% de vitamine B3, 17% de vitamine B6.

## 25. Sauté de dinde

Riche en protéines, vite fait et savoureux, ce plat est parfait pour un déjeuner épicé. Sa teneur en glucides vous charge d'énergie de sorte qu'il peut aussi être un repas idéal avant l'entraînement.

**Ingrédients** (2 portions):

200g steaks de poitrine de dinde, coupés en lanières (enlever la graisse)
150g de nouilles de riz
170g de haricots verts, coupés en deux
1 gousse d'ail, en tranches
1 petit oignon rouge, en tranches
½ piment rouge, haché finement
Le jus de ½ citron
½ cuillère à café d'huile d'olive
½ cuillère à café de poudre de chili
1 cuillère à café de sauce de poisson
Menthe, hachée grossièrement
Coriandre, haché grossièrement

Temps de préparation: 10 min
Temps de cuisson: 15 min

**Préparation:**

Faire cuire les nouilles en suivant les instructions sur l'emballage. Chauffer l'huile dans une poêle antiadhésive et faire revenir la dinde à feu vif pendant 2 min. Ajouter l'oignon, l'ail et les haricots et cuire encore 5 min.

Verser le jus de citron, le piment frais, la poudre de chili et la sauce de poisson, remuer et laisser cuire pendant 3 min. Incorporer les nouilles et les herbes selon votre goût et servir.

**Valeur nutritive** par portion: 425kcal, protéine 32g, graisse 3g (1g saturé), glucides 71g (de fibre 4g, sucre 4g), 1 g de sel, 12% de fer, 10% de magnésium, 12% de vitamine A, 36% de vitamine C, 13 % de vitamine B1, vitamine B2 24%.

## 26. Truite piquante

Essayez cette recette facile et saine de truite pour un repas léger d'été. Une excellente source de vitamine B12, ce poisson blanc citronné peut être servi avec sur le côté de la salade verte, saupoudré de sel de mer et un peu de jus de citron pour une sensation piquante supplémentaire.

**Ingrédients** (2 portions):

2 filets de truite
15g Noix de pin grillées et hachées grossièrement
25g Chapelure
1 cuillère à café de beurre mou
1 cuillère à café d'huile d'olive
Jus et le zeste de ½ citron
1 petit bouquet de persil, haché

Temps de préparation: 10 min
Temps de cuisson: 5 min

**Préparation**:

Chauffer le barbecue à feu élevé. Disposez les filets, côté peau vers le bas sur une plaque huilée.

Mélanger la chapelure, le jus de citron et le zeste, le beurre, le persil et la moitié des pignons de pin. Disperser

la composition en une couche mince sur les filets, arroser avec l'huile et placer sous le gril pendant 5 min.
Saupoudrer avec le reste des noix de pin et servir avec le chou-fleur cuit à la vapeur ou des haricots verts.

**Valeur nutritive** par portion: 298kcal, protéines 30 g, graisse 16g (4g saturé), glucides 10g (fibre 1g, sucre 1g), 11% de magnésium, 14% de vitamine B1, 41% de vitamine B3, 25% de vitamine B6, 150% de vitamine B12.

## 27. Ragout de fruits de mer

Éveillez vos sens à ce mélange épicé de crevettes, de palourdes et poisson blanc qui délivre une quantité copieuse de protéines et couvre la plupart des besoins en vitamines B. Assurez-vous d'utiliser des fruits de mer afin de maximiser le goût savoureux de ce pot-au-feu.

**Ingrédients** (2 portions):

100g de grosses crevettes crues épluchées
150g de palourdes
150g de filets de poisson blanc (coupés en morceaux de 3 cm)
250g de petites pommes de terre nouvelles, coupées en deux et bouillies
130g de tomates hachées
350ml de bouillon de poulet
1 petit oignon, haché
2 gousses d'ail, hachées
1 piment séché
Jus de 1 citron vert
½ cuillère à café de paprika fumé à chaud
½ cuillère à café de cumin moulu
1 cuillère à café d'huile d'olive
Des quartiers de citron vert pour servir (facultatif)

Temps de préparation: 15 min
Temps de cuisson: 30 min

## Préparation:

Faire griller les piments dans une poêle chaude, à sec jusqu'à ce qu'ils gonflent un peu, puis retirez, épépiner et équeuter. Faire tremper dans l'eau bouillante pendant 15 min.

Chauffer l'huile d'olive dans une grande poêle, ajouter l'oignon, l'ail et assaisonner, puis faire remuer jusqu'à cuisson. Ajouter les poivrons, le piment, le cumin, les tomates et le bouillon et faire sauter pendant 5 min, puis réduire en purée dans un mélangeur jusqu'à consistance lisse. Verser dans la casserole et amener au point d'ébullition. Laissez mijoter pendant 10 min. Ajouter les crevettes, filets de poisson, les palourdes et les pommes de terre, couvrir la casserole et laisser cuire pendant 5 min à feu moyen-élevé. Servir avec des quartiers de citron vert si vous le souhaitez.

**Valeur nutritive** par portion: 347kcal, protéine 44g, graisse 6g (1 g de gras saturés), glucides 28g (fibre 4g, sucre 7g), sel 1,1 g, 18% de magnésium, 12% de vitamine A, 40% de vitamine C, 16% de vitamine B1, 10% de vitamine B2, vitamine B3, 23%, 26% de vitamine B6, vitamine B12 62%.

# DINER

## 28. Aubergines farcies

Un repas végétarien savoureux, avec un fromage croustillant et recouvert de chapelure, qui est léger et parfait pour le dîner. Oubliez les poivrons farcis et essayez ce plat d'aubergine aromatisé à la place.

**Ingrédients** (pour 2 portions):

1 aubergine
Mozzarella végétarien 60g, coupé en morceaux
1 petit oignon, haché finement
2 gousses d'ail, hachées finement
1 cuillère à soupe d'huile d'olive, un peu plus pour la bruine
2 gousses d'ail, hachées finement
6 tomates cerise, coupées en deux
Une poignée de feuilles de basilic, hachées
Un peu de chapelure fraiche de farine entière

Temps de préparation: 15 min
Temps de cuisson: 40 min

**Préparation**:

Préchauffer le four à 200C / ou no.7 Couper l'aubergine en deux dans le sens de la longueur (vous pouvez laisser la tige intacte ou la supprimer). Couper à l'intérieur de l'aubergine à environ 1 cm d'épaisseur. En utilisant une cuillère à café, évider la chair de l'aubergine jusqu'à ce que vous n'ayez plus que 2 coques. Hacher la chair, puis mettre de côté. Badigeonner les coquilles avec un peu d'huile, assaisonner et les placer dans un plat allant au four. Couvrir avec un papier d'aluminium et cuire au four pendant 20 min.

Ajouter le reste d'huile dans une poêle antiadhésive. Ajouter l'oignon et cuire jusqu'à ce qu'il soit doux, puis versez dedans la chair d'aubergine hachée et faire cuire. Ajouter l'ail et les tomates et cuire encore 3 min.

Lorsque les coquilles d'aubergines sont tendres, les retirer du four, les farcir, saupoudrer un peu de chapelure et arroser avec un peu d'huile. Réduire la chaleur dans le four à 180 ° C / no.6. Cuire au four pendant 15-20 minutes, jusqu'à ce que le fromage soit fondu et la chapelure soit dorée. Servir avec une salade verte.

**Valeur nutritive** par portion: 266kcal, protéines 9g, 20g de graisse (6g saturé), glucides 14g (5g de fibres, sucre 7g), sel 1g, 15% de vitamine A, 19% de calcium.

## 29.    Salade d'Orange, Noyer et Fromage bleu

Essayez cette salade salée et sucrée avec des noix de fromage bleu émietté et haché pour un souper léger. Cette salade, riche en graisses saines et en vitamine C, sans cuisson ne prend que 10 minutes à faire et est un excellent moyen de mettre fin à une journée bien remplie.

**Ingrédients** (2 portions):

1 sac 100g de salade (épinards, roquette et cresson)
1 grosse orange
40g Noix hachées grossièrement
70g de fromage bleu, émietté
1 cuillère à café d'huile de noix

Temps de préparation: 10 min
Pas de cuisson

**Préparation:**

Vider le sac de salade dans un bol. Peler les oranges et coupez les segments sur un petit bol pour récupérer le jus. Fouetter l'huile de noix dans le jus d'orange puis verser sur les feuilles de salade. Mélanger la salade, répartissez les quartiers d'orange, le fromage bleu et les noix, et servir.

**Valeur nutritive** par portion: 356kcal, protéine 14g, graisse 30g (10g saturé), glucides 8g (fibre 3g, 8g de sucre), 19% de calcium, 10% de magnésium, 20% de vitamine A, 103% de vitamine C, 10% de vitamine B1.

## 30. Riz mexicain et salade de haricots

Un repas consistant peu épicé aux saveurs d'Amérique latine, le riz et la salade de haricots mexicaine sont pleins de légumes et font un souper copieux. Ruser un peu et utiliser une boîte de haricots mixtes pour une assiette plus colorée.

**Ingrédients** (2 portions):

90g de riz brun
200g salade de haricots noirs, égouttés
½ avocat bien mûr, haché
2 oignons, hachés
½ poivron rouge, épépiné et haché
Jus de ½ citron vert
1 cuillère à café de mélange d'épices cajun
Petit bouquet de coriandre, haché

Temps de préparation: 15 min
Temps de cuisson: 20 min

**Préparation:**

Faire cuire le riz en suivant les instructions sur l'emballage. Égoutter, puis refroidir sous l'eau courante. Incorporer les haricots, le poivron, les oignons et l'avocat.

Mélanger le jus de citron avec du poivre noir et les épices cajun puis verser sur le riz. Ajouter la coriandre et servir.

**Valeur nutritive** par portion: 326kcal, protéine 11g, 10g de graisse (2g saturé), glucides 44g (fibre 6g, sucre de 4g), 10% de fer, 15% de magnésium, 11% de vitamine B1, 13% de vitamine B6.

## 31. Pois chiches aux épinards et au curry

Préparez ce délicieux repas pour une belle soirée à la maison. Riche en vitamine A et en protéines, ce plat de légumes peut être servi avec un peu de Naan. Attention aux calories supplémentaires car un morceau de pain naan contient environ 140kcal.

**Ingrédients** (2 portions):

1 boite de 400g de pois chiches, égouttés
200g de tomates cerise
130g de feuilles d'épinards
1 cuillère à soupe de pâte de curry
1 petit oignon, haché
Jus de citron

Temps de préparation: 5 min
Temps de cuisson: 15 min

**Préparation:**

Chauffer la pâte de curry dans une poêle antiadhésive. Quand elle commence à se diviser, ajouter l'oignon et cuire pendant 2 minutes jusqu'à ce qu'il ramollisse. Versez les tomates et laisser bouillir jusqu'à réduction.

Ajouter les pois chiches et un peu d'assaisonnement et cuire pendant une minute supplémentaire. Retirer du feu, puis versez les épinards (la chaleur du poêle va ramollir les feuilles). Assaisonner, ajouter le jus de citron et servir.

**Valeur nutritive** par portion: 203kcal, protéines 9g, graisse 4g, glucides 28g (fibre 6g, sucre 5g), sel 1,5 g, 25% fer, 29% de magnésium, 129% vitamine A, 61% de vitamine C, 58% de vitamine B6.

## 32. Légumes thaï au lait de coco et au bouillon

Une portion de nouilles aux œufs trempées dans un bouillon de légumes délicieux vous donnera le gout sensationnel de la cuisine Thai. Si vous préférez un bouillon épais, utiliser moins de bouillon de légumes, selon les goûts.

**Ingrédients** (2 portions):

200ml lait de noix de coco semi-gras
500ml de bouillon de légumes
90g nouilles aux œufs
1 carotte, coupée en allumettes
¼ tête feuilles chinoises, en tranches
75g Pousses de soja
3 tomates cerise coupées en deux
2 petits oignons, coupés en deux en longueur et tranchés
Jus ½ citron vert
1 ½ cuillère à café de pâte de curry thaï rouge
1 cuillère à café de sucre brun
1 cuillère à café d'huile d'olive
Poignée de coriandre, haché grossièrement

Temps de préparation: 15 min
Temps de cuisson 10 min

**Préparation:**

Chauffer l'huile dans un wok puis ajouter la pâte de curry et faire revenir pendant 1 min jusqu'à ce qu'elle soit bien parfumée. Ajouter le lait de coco, le bouillon de légumes, le sucre brun et laisser mijoter pendant 3 minutes.

Versez les nouilles, les carottes et les feuilles chinoises et laisser mijoter jusqu'à cuisson. Ajouter les pousses de soja et les tomates, le jus de citron vert au goût et un peu d'assaisonnement supplémentaire. Verser dans des bols et saupoudrer de coriandre et d'oignons.

**Valeur nutritive**: 338kcal, protéine 10g, 14g de graisse (7g saturé), glucides 46g (fibre 5g, 12g de sucre), 1,2 g de sel, 14% de fer, 16% de magnésium, 10% de vitamine B3.

## 33. Courgettes farcies

Un souper végétarien sain, léger sur l'estomac, et un plaisir à cuisiner. Les courgettes sont aromatisées par un mélange de noix de pin, de tomates séchées et un bon parmesan. Vous pouvez brosser les courgettes avec un peu de pesto à la place de l'huile d'olive, avant de les placer dans le four.

**Ingrédients** (2 portions):

2 courgettes, coupées en deux dans le sens de la longueur
2 cuillères à café d'huile d'olive
Laitue, pour servir

**Farce:**

Noix de pin 25g
3 oignons, tranchés finement
1 gousse d'ail écrasée
3 tomates séchées dans l'huile, égouttées
12g de parmesan finement râpé
25g de chapelure sèche
1 cuillère à café de thym

Temps de préparation: 10 min
Temps de cuisson: 35 min

**Préparation:**

Préchauffer le four à 200C / no.7 Placer les courgettes dans un plat allant au four, côté coupé vers le haut. Badigeonner légèrement d'huile avec 1 cuillère à café et cuire au four pendant 20 min.

Mélanger tous les ingrédients de la farce dans un bol et assaisonner avec du poivre noir, saupoudrer le mélange sur le dessus des courgettes et arroser avec l'huile d'olive restante. Cuire au four pendant 10-15 minutes, jusqu'à ce que les courgettes soient tendres et la garniture soit croustillante. Servir chaud avec une salade composée.

**Valeur nutritive** par portion: 244kcal, protéine 10g, 17g graisse (3 saturé), glucides 14g (fibre 3g, 5g de sucre), 56% de vitamine C, 16% de vitamine B2, 21% de vitamine B6.

## 34. Salade de fruits

Une salade de fruits pleine de vitamine C sucrée, avec du miel et prête à être servie en 10 min. Faites chanter cette salade de fruits simple en ajoutant une pincée de menthe fraîchement coupée.

**Ingrédients** (1 portion):

1 pamplemousse, Pelée et découpée
2 abricots en tranches
2 oranges, pelées et coupées
1 cuillère à café de miel liquide


Temps de préparation 5 min
Pas de cuisson


**Préparation**:

Mettez les abricots dans un grand bol. Segmenter les oranges et les pamplemousses dans le bol pour en recueillir les jus. Incorporer le miel et servir.

**Valeur nutritive** par portion: 166kcal, protéines 4g, glucides 36g (fibre 8g, sucre 28g), 46% de vitamine A, 184% de vitamine C, 13% de vitamine B1.

## 35. Champignons farcis

Offrez-vous un repas épicé et sain, avec un côté de salade fraiche et croquante. Doubler la portion pour une teneur en fibres et protéines plus élevée ou servir avec une tranche moyenne de baguette à environ 150kcal par pièce.

**Ingrédients** (2 portions):

8 gros champignons plats
2 gousses d'ail écrasées
2 cuillères à soupe d'huile d'olive
2 cuillères à soupe de sauce Worcestershire
2 cuillères à soupe de moutarde à l'ancienne
1 cuillère à café de paprika
140g Sac de feuilles de salade mélangées de cresson et de blettes rubis

Temps de préparation: 10 min
Temps de cuisson: 15 min

**Préparation:**

Préchauffer le four à 180 ° C / no.6 Mélanger la moutarde, l'huile, l'ail et la sauce Worcestershire dans un grand bol, puis assaisonner avec du poivre noir fraîchement moulu et le sel. Ajouter les champignons au mélange et remuer pour bien les enrober uniformément. Placez-les tige vers le haut dans un plat allant au four, les saupoudrer avec le paprika et cuire au four pendant 8-10 min.

Répartissez les feuilles de salade entre deux assiettes de service avec 4 champignons sur chaque assiette. Verser le jus de fruits par-dessus et servir immédiatement.

**Valeur nutritive** par portion: 102kcal, protéines 8g, graisse 14g (2g saturé), glucides 8g (fibre 4g), sel 1g, 20% de vitamine B2, 16% de vitamine B3.

## 36. Truite fumée avec betteraves, fenouil et pommes

Un poisson fumé à chaud délicat complété par une croustade aux pommes et une betterave colorée, fait pour une salade exotique avec une combinaison de saveurs magnifique. La truite est une source idéale de protéines de qualité B12 et haute.

**Ingrédients** (2 portions):

140g Filet de truite fumé sans peau
100g petites betteraves au vinaigre, égouttées et coupées en quartiers
4 oignons tranchés
1 pomme verte épépinée en tranches
½ petit bulbe de fenouil, épluchée et émincée
Petite botte de feuilles d'aneth, hachée finement
2 cuillères à soupe de yogourt faible en gras
1 cuillère à café de sauce au raifort

Temps de préparation: 10 min
Pas de cuisson

**Préparation:**
Placez le fenouil dans un plat de service et répartissez les betteraves, oignons et pommes. Couper la truite en morceaux et mettre sur le dessus. Saupoudrer avec la moitié de l'aneth.

Mélanger le yogourt et le raifort avec 1 cuillère à soupe d'eau froide, puis ajouter le reste de l'aneth et mélanger. Verser la moitié de la vinaigrette sur la salade et mélanger délicatement, puis verser e reste de la vinaigrette et servir.

**Valeur nutritive** par portion: 183kcal, protéine 19g, graisse 5g (1g saturé), glucides 16g (fibre 5g, sucre 16g), le sel 1,6 g, 12% fer, 11% de vitamine A, 20% de vitamine C, 20% de vitamine B1, 17% de vitamine B2, vitamine B3 20%, 100% de vitamine B12.

## 37. Carottes rôties avec grenade et fromage de chèvre

Un repas complet quand il s'agit de nutriments, cette combinaison de légumes et de jus aigre doux est une option saine et un dîner intéressant. Assurez-vous de garder les graines de grenade séparées et ajoutez-les juste avant de servir si vous projetez de gagner le gros lot.

**Ingrédients** (2 portions):

375g de carottes
40g de graines de grenade
50g de fromage de chèvre émietté
200g de pois chiches, égouttés
zeste et jus de ½ orange râpée
1 cuillère à soupe d'huile d'olive
1 cuillère à café de graines de cumin
Petit bouquet de menthe, haché


Temps de préparation: 10 min
Temps de cuisson: 50 min


**Préparation**:

Préchauffer le four à 170C / gaz no. 5 Mettre les carottes dans un bol et mélanger avec la moitié de l'huile d'olive, les graines de cumin et le zeste d'orange et le sel. Répartir les carottes sur une grande plaque à pâtisserie et faire cuire pendant 50 minutes jusqu'à ce qu'elles deviennent tendres et prennent un peu de couleur sur les bords.

Incorporer les pois chiches avec les carottes rôties, puis verser dans un plat de service. Arroser avec le reste d'huile et le jus d'orange. Ajouter le fromage de chèvre émietté, disperser les graines de grenade et les herbes, puis servir.

**Valeur nutritive** par portion: 285kcal, 12 g de protéines, de matières grasses 15g (6g saturé), glucides 30g (fibre 6g, sucre 16g), 15% de calcium, 12% de fer, 14% de magnésium, 610% de vitamine A, 28% de vitamine C, 12% de vitamine B1, vitamine B2, 18%, 11% de vitamine B3, vitamine B6 37%.

## 38. Soupe de lentilles, carottes et orange

Une soupe intéressante à base de jus d'orange qui fera plus que couvrir votre apport quotidien nécessaire en vitamine C. Saine, avec des saveurs qui fonctionnent bien ensemble, cette recette est un délice épicé. Vous pouvez la diluer avec un peu d'eau si vous trouvez qu'elle est trop épaisse.

**Ingrédients** (2 portions):

75g de lentilles rouges
225g de carottes, coupées en dés
300 ml de jus d'orange
1 oignon, haché
600ml de bouillon de légumes
2 cuillères à soupe de yogourt faible en gras
1 cuillère à café de graines de cumin
2 cuillères à café de graines de coriandre
Coriandre fraîchement hachée pour garnir

Temps de préparation: 15 min
Temps de cuisson: 35 min

**Préparation**:

Écraser les graines dans un mortier et un pilon, puis séchez-les et faire frire pendant 2 min, jusqu'à ce qu'elles soient légèrement dorées. Ajouter les lentilles, les carottes, l'oignon, le jus d'orange, le bouillon et l'assaisonnement et porter à ébullition. Couvrir et laisser mijoter pendant 30 minutes jusqu'à ce que les lentilles soient tendres.

Transférer le mélange dans un robot culinaire et mélanger jusqu'à consistance lisse. Retour à la casserole, réchauffer à feu moyen et en remuant de temps en temps. Assaisonner selon le goût, puis verser dans des bols, agiter de nouveau le yaourt, parsemer de feuilles de coriandre et servir tout de suite.

**Valeur nutritive** par portion: 184kcal, protéines 8g, graisse 2 g, glucides 34g (fibre 4g), sel 1g, 340% de vitamine A, 134% de vitamine C, 16% de vitamine B1, 11% de vitamine B3, 13% de vitamine B6.

## 39.    Curry de légumes rouge

Il prend près d'une heure à faire, mais ce plat thaï parfumé mettra sûrement vos papilles en action. Riche en nutriments, ce curry végétarien crémeux a l'étoffe d'un plat autonome, mais il peut également être servi avec du riz brun cuit de coté à environ 175 kcal supplémentaires.

**Ingrédients** (2 portions):

Champignons 70g, émiettés
70g de pois mange-tout sucrés
½ courgette, coupée en morceaux
½ aubergine, coupée en morceaux
Tofu solide 100g, coupé en cubes
Boîte 200ml de lait de noix de coco teneur réduite en gras
1 piment rouge (½ finement haché, ½ coupé en rondelles)
¼ de poivron rouge, épépiné et coupé en interstices
2 cuillères à soupe de sauce de soja
Jus de 1 citron vert
1 cuillère à soupe d'huile d'olive
10g de feuilles de basilic
½ cuillère à café de sucre brun
**Pate:**

3 échalotes, hachées grossièrement
2 petits piments rouges
½ citronnelle, hachée grossièrement
1 gousse d'ail
10g bouquet de coriandre

½ poivron rouge, épépiné et haché grossièrement
½ citron vert en zeste
¼ de cuillère à café de gingembre râpé
½ cuillère à café de coriandre moulue
½ cuillère à café de poivre fraîchement moulu

Temps de préparation: 30 min
Temps de cuisson: 20 min.

**Préparation**:

Faire mariner le tofu dans la moitié du jus de citron, 1 cuillère à soupe de sauce de soja, et le piment haché.

Placez les ingrédients de la pâte dans un robot culinaire.

Chauffer la moitié de l'huile dans une casserole, ajoutez 2 cuillères à soupe de la pâte et les faire frire pendant 2 minutes. Incorporer le lait de coco avec 50 ml d'eau, l'aubergine, la courgette et le poivron. Cuire jusqu'à presque tendres.

Égoutter le tofu, séchez puis le faire frire dans l'huile restante dans une petite casserole jusqu'à ce que doré.

Ajouter le champignon, les poids mange-tout sucres, et la plupart du basilic, puis assaisonner avec le sucre, le reste du jus de citron et la sauce de soja. Cuire jusqu'à ce que les champignons soient tendres, puis ajoutez le tofu et faire chauffer. Saupoudrer avec le basilic, disperser le piment en tranches et servir.

**Valeur nutritive** par portion: 233kcal, protéines 8g, graisse 18g (10g saturé), glucides 11g (fibre 3g, sucre 7g), sel 3g, 13% de calcium, 12% de fer, 14% de magnésium, 11% de vitamine A, 65% de vitamine C, 15% de vitamine B1, vitamine B2, 21%, 12% de vitamine B3, vitamine B6 22%.

## 40. Pilaf de champignons au citron

Ce pilaf de champignons faible en gras est votre billet gagnant pour une alternative de risotto plus légère. Ajoutez à cela une poignée de petits pois pour un plat plus coloré, et n'hésitez pas à remplacer la ciboulette avec des oignons de printemps, si vous le souhaitez.

**Ingrédients** (2 portions):

100g de riz brun
150g de champignons en tranches
250ml de bouillon de légumes
1 petit oignon en tranches
1 gousse d'ail écrasée
3 cuillères à soupe de Fromage à pâte molle à l'ail et aux fines herbes
Zeste et jus de ½ citron
Petit bouquet de ciboulette ciselée

Temps de préparation: 10 min
Temps de cuisson: 30 min

**Préparation:**

Placer l'oignon dans une poêle antiadhésive, ajoutez quelques cuillères à soupe de bouillon et cuire pendant environ 5 minutes jusqu'à ce qu'ils ramollissent. Ajouter l'ail et les champignons et cuire 2 minutes de plus. Tout en mélangeant, ajouter le riz, le zeste de citron et le jus. Verser le bouillon de légumes et l'assaisonnement restant, et porter à ébullition. Baissez le feu, couvrez la casserole et laisser mijoter pendant 30 minutes jusqu'à ce que le riz soit tendre. Incorporer la moitié de la ciboulette et du fromage à pâte molle. Diviser entre 2 assiettes et servir garni de fromage et de la ciboulette restante.

**Valeur nutritive** par portion: 249kcal, protéine 12g, graisse 4g (2g saturé), glucides 44g, fibre 2g, 4g de sucre), 11% de vitamine A, 23% de vitamine B2.

# RECETTES DE JUS

## 1.  Mix de Jus de Pommes

C'est un excellent jus à prendre avant l'exercice ou après le dîner et c'est une bonne façon de vous aider à perdre du poids. Et pourquoi cela? Les pommes sont faibles en calories et leurs fibres vous aident à vous sentir rassasié pour plus longtemps, parce qu'elles remplissent l'estomac et vous rassasient, ce qui implique moins de calories dans votre estomac. Le jus de concombre est très riche en eau et vous savez que l'eau est importante pour la perte de poids. Dans une étude récente, les adultes consommant de l'eau supplémentaire ont perdu 2 kilos de plus que ceux qui ne l'ont pas fait.

- La pomme : elle améliore la santé neurologique.
- Concombre : aide à la perte de poids et à la digestion
- Citron : Aide à réduire les douleurs et inflammations des articulations et des genoux
- Orange: Régule la tension artérielle

- Banane: Joue un rôle en améliorant la mémoire et remonte le moral

## Ingrédients:

- Pomme – 1 moyenne 162g
- Concombre – 1 concombre 301g
- Citron - 1/2 fruit 25g
- Orange - 1 grande 154g
- Banane- 1 moyenne 150 g

## Préparation :

- Laver tous les ingrédients. Eplucher si nécessaire.
- Les mettre tous ensemble dans la centrifugeuse pour en faire un jus.

Nombre de calories: 280

**Vitamines:** Vitamine A 27µg, Vitamine C 101.2mg, Calcium 108mg, Vitamine B-6 0.328mg, Vitamine E 1.54mg, Vitamine K 49.7µg

**Minéraux:** Cuivre 0.418mg, Magnésium 52mg, Phosphore 137mg, Sélénium 2.1µg, Zinc 1.07mg

## 2.    Jus « Fruit Mania »

Goûtez cet étonnant jus qui n'est pas seulement délicieux, mais en plus il va vous aider à maigrir plus vite et à assainir votre corps. Les ingrédients comme le poivre de Cayenne peuvent aider à entretenir votre feu métabolique. La mangue, "le fruit de l'Inde", comme on l'appelle quelquefois, a une richesse d'aliments et c'est une source supérieure de carotène béta et de vitamine C. Cela signifie que plus d'éléments nutritifs vous recevez, moins vous devez manger par repas. Assurez-vous d'ajouter ce jus à vos repas quotidiens.

- Pomme : Protège votre corps des effets des radicaux libres
- Poivre de Cayenne : Agent anti-cancérigène possible
- Mangue: Améliore la digestion
- Orange: Alcalinise votre corps
- Banane: Abaisse la tension artérielle

**Ingrédients:**

- Pomme – 1 grande 213g
- Poivre de Cayenne (épices) - 1 pincée 0.11g
- Mangue (épluchée) - 1 fruit (sans le noyau) 316g
- Orange (épluchée) - 1 grande 154g
- Banane (épluchée) – 1 moyenne 150 g

**Préparation:**

- Laver tous les ingrédients. Eplucher si nécessaire.
- Les mettre tous ensemble dans la centrifugeuse pour en faire un jus.

Nombre de calories : 265

**Vitamines:** Vitamine A 128µg, Vitamine C 122.1mg, Vitamine B-6 0.409mg, Vitamine E 2.38mg, Vitamine K 12.1µg, Calcium 68mg, Fer 0.72mg

**Minéraux:** Cuivre 0.319mg, Magnésium 41mg, Phosphore 68mg, Sélénium 1.9µg, Zinc 0.31mg

## 3. Le Jus Magique de Pomme

Voici un autre jus délicieux qui vous aidera à améliorer votre style de vie et accroître le rythme de votre perte de poids. Les carottes luttent contre la graisse à cause de leur contenu en fibres, plus de la moitié est de la fibre de pectate de calcium soluble. Cela aide à diminuer les niveaux de cholestérol dans le sang en éliminant les acides de bile. À la fin, le cholestérol sera éliminé de la circulation sanguine pour faire plus d'acides de bile et cela baissera votre cholestérol. Il aide aussi à éliminer les excès liquides du corps. Appréciez ce jus et faites-en une routine quotidienne. Il vous donnera des résultats positifs.

- Pommes : Prévient la démence
- Carottes : Prévient l'AVC (accident vasculaire cérébral)
- Racine de Gingembre : Aide à contrôler le rythme cardiaque
- Citron : Prévient la croissance et la multiplication des bactéries pathogènes

- Mangue: Aide pour les diabètes

## Ingrédients:

- Pomme - 1 moyenne 180g
- Carottes - 2 moyennes 112g
- Racine de Gingembre - 1/2 pouce 10g
- Citron (épluché) - 1/2 fruit 25g
- Mangue (épluchée) – 1/2 fruit 70 g

## Préparation :

- Laver tous les ingrédients. Eplucher si nécessaire.
- Les mettre tous ensemble dans la centrifugeuse pour en faire un jus.

Nombre de calories: 161

**Vitamines:** Vitamine A 521µg, Vitamine C 17.9mg, Calcium 30mg, Fer 0.53mg, Vitamine B-6 0.212mg, Vitamine E 1.02mg, Vitamine K 12.9µg

**Minéraux:** Cuivre 0.114mg, Magnésium 21mg, Phosphore 54mg, Sélénium 0.1µg, Zinc 0.25mg

## 4. Jus Booster de Perte de Poids

Voici une recette de jus simple, mais très efficace pour la perte de poids. Le chou n'est pas consommé autant qu'il devrait l'être. C'est une grande source de vitamine C riche en fibres. Les poires sont aussi une bonne source de fibres. Les études ont montré que si vous mangez plus de trois poires par jour, vous consommerez moins de calories et vous perdrez plus de poids. Elles ont aussi vraiment un haut niveau de fructose et de glucose ; cela fournit une source naturelle d'énergie. Les poires contiennent du bore et cela aide le corps à retenir le calcium, en vous donnant une meilleure santé. C'est une grande recette pour vous et votre famille.

- Pomme: Réduit le risque de diabète
- Chou : Aide à diminuer la pression sanguine
- Citron : Aide à soigner le coup de froid commun
- Poires: Prévient le cancer

## Ingrédients:

- Pomme - 1 moyenne 180 g
- Chou (rouge) - 3 feuilles 72g
- Citron (avec couenne) - 1/2 fruit 27g
- Poires - 2 moyennes 346g

## Préparation:

- Laver tous les ingrédients. Eplucher si nécessaire.
- Les mettre tous ensemble dans la centrifugeuse pour en faire un jus.

Nombre de calories: 205

**Vitamines:** Vitamine A 29µg, Vitamine C 48.1mg, Thiamine 0.059mg, Vitamine B-6 0.213mg, Vitamine E 0.3mg, Vitamine K 33.6µg, Calcium 52mg

**Minéraux:** Cuivre 0.203mg, Magnésium 27mg, Phosphore 50mg, Sélénium 0.6µg, Zinc 0.3mg

## 5. Super Jus d'Epinards

Les épinards sont une grande source de fibre pour notre système digestif. C'est un agent nettoyant qui enlève les résidus accumulés au fil des années dans le système digestif. À cause de son effet laxatif sur le corps, il améliorera aussi les fonctions d'éliminations. Le citron a toujours été un grand ingrédient pour essayer de maigrir, aussi bien que les pommes, car ils aident à diminuer votre cholestérol. C'est un jus délicieux que vous pouvez apprécier à tout moment.

- Céleri: Il aide à se calmer
- Citron : Aide à la production des sucs digestifs
- Poires : Aide à construire votre système immunitaire
- Orange: Régule l'hypertension artérielle
- Epinards: Gardent la peau et les cheveux sains et en bonne santé
- Pommes : Diminuent le mauvais cholestérol

## Ingrédients:

- Céleri – 3 tiges, grandes 206g
- Citron (épluché) – ½ fruit 25g
- Poire- 1 moyenne 170g
- Orange (épluchée) – 1 grande 180g
- Epinards – 4 poignées 100g
- Pommes – 2 moyennes 350g

## Préparation:

- Laver tous les ingrédients. Eplucher si nécessaire.
- Les mettre tous ensemble dans la centrifugeuse pour en faire un jus.

Nombre de calories: 243

**Vitamines:** Vitamine A 406µg, Vitamine C 107.2mg, Calcium 219mg, Fer 3.16mg, Choline 45.9mg, Vitamine B-6 0.56mg, Vitamine K 413.5µg

**Minéraux:** Cuivre 0.253mg, Magnésium 114mg, Phosphore 121mg, Sélénium 1.3µg, Zinc 0.67mg

## 6. Merveilleux Jus Frais

Si vous voulez maigrir, essayez cette recette de jus. Elle vous mettra dans la bonne direction. Les betteraves sont un bon moyen de nettoyer le sang et de renforcer la vésicule biliaire et le foie. Les carottes aident le foie à se nettoyer et à libérer plus de bile et stimuleront en même temps votre système immunitaire, en vous donnant un corps en bonne santé. Elles contiennent aussi de la beta carotène qui est connue pour réduire le risque de plusieurs cancers. Les aliments contenus dans ce jus vous fourniront beaucoup de fibre et peuvent remplacer facilement un repas si nécessaire, mais avec l'avantage d'avoir moins de calories. C'est une recette délicieuse que vous devriez ajouter dans votre vie quotidienne.

- Betterave : Soutien la désintoxication
- Banane: Réduit les risques de leucémie
- Carottes : Améliorent la vision
- Poivron : Prévention de la migraine et maux de tête

## Ingrédients:

- Betterave - 1/2 betterave 40g
- Banane – 1 moyenne 150g
- Carottes - 3 grandes 206g
- Poivron (rouge doux) - 1/2 moyen 54g

## Préparation:

- Laver tous les ingrédients. Eplucher si nécessaire.
- Les mettre tous ensemble dans la centrifugeuse pour en faire un jus.

Nombre de calories: 85

**Vitamines:** Vitamine A 1128µg, Vitamine C 59.5mg, Calcium 51mg, Choline 13.4mg, Acide folique 61µg, Vitamine B-6 0.319mg, Vitamine E 1.27mg

**Minéraux:** Cuivre 0.047mg, Magnésium 25mg, Phosphore 65mg, Sélénium 0.3µg, Zinc 0.46mg

## 7. Fontaine de vie

Voici une recette de jus saine et appétissante qui vous aidera à perdre du poids. Les betteraves sont très utiles pour aider au nettoyage du foie, ce qui signifie que le foie aidera à transformer la graisse par métabolisme plus efficacement. Le foie recevra une stimulation supplémentaire grâce aux carottes, puisqu'elles ont des propriétés puissantes qui le désintoxiqueront. Elles éliminent aussi les excès de liquides qui se trouvent dans le corps. Les oranges ont environ 59 calories par fruit ; elles sont sans matières grasses et riches en fibres. Elles aident vraiment à éliminer ces kilos supplémentaires. Ce jus ne peut qu'apporter de bons résultats.

- Pomme: Puissant antioxydant naturel
- Betterave: Combats les inflammations
- Carottes : Réduisent les risques de cancer du poumon
- Persil: Excellent purifiant du sang
- Orange : Fournit des glucides judicieux

## Ingrédients:

- Pomme – 1 moyenne 180g
- Betterave - 1/2  40g
- Carottes  - 3 moyennes 170g
- Persil - 1 poignée 40g
- Orange (épluchée) - 1 moyenne 140 g

## Préparation:

- Laver tous les ingrédients. Eplucher si nécessaire.
- Les mettre tous ensemble dans la centrifugeuse pour en faire un jus.

Nombre de calories: 110

**Vitamines:** Vitamine A 1012µg, Vitamine C 34.8mg, Calcium 109mg, Fer 2.38mg, Vitamine B-6 0.14mg, Vitamine E 1.24mg, Vitamine K 305.2µg

**Minéraux:** Cuivre 0.127mg, Magnésium 32mg, Phosphore 88mg, Sélénium 0.4µg,  Zinc 0.67m

## 8. Maxi Jus de Banane

Voyons si ce jus délicieux correspond à vos besoins. La grande utilité des jus est qu'ils vous donnent tous les éléments nutritifs dont vous avez besoin. L'idée est de manger moins et d'avoir moins de désir ardent de nourriture industrielle. Le céleri est riche en calcium et aide à contrôler l'hypertension. N'oublions pas que le gingembre aide à digérer les aliments gras, et l'ajout de jus de citron à toute boisson aidera à accélérer la perte de poids. Appréciez ce jus chaque fois que vous voulez. Il peut facilement remplacer tout casse-croûte.

- Banane: Supporte la santé du cœur
- Chou: Riche en soufre, le minéral embellissant
- Céleri: Contient de bons sels
- Vinaigre de Cidre : Supprime les agents pathogènes, y compris les bactéries
- Racine de Gingembre : Contrôle la pression du sang
- Raisins : Réduit les risques de cancer

## Ingrédients:

- Banane (épluchée) – 1 moyenne 150g
- Chou (rouge) – ¼ de tête, moyenne 201 g
- Céleri – 2 tiges, 142g
- Vinaigre de Cidre (pomme) – 1 cuillère à soupe 14.9g
- Racine de Gingembre – 1 pouce 24g
- Raisins – 14 raisins 80g

## Préparation :

- Laver tous les ingrédients. Eplucher si nécessaire.
- Les mettre tous ensemble dans la centrifugeuse pour en faire un jus.

Nombre de calories: 130

**Vitamines:** Vitamine A 108µg, Vitamine C 98mg, Vitamine B-6 0.429mg, Vitamine E 0.64mg, Vitamine K 74.3µg, Niacine 1.202mg, Calcium 142mg

**Minéraux:** Cuivre 0.211mg, Magnésium 54mg, Phosphore 107mg, Sélénium 1.2µg, Zinc 0.4mg

## 9. Un Jus Plus Frais

Notre style de vie moderne nous fait souvent prendre de mauvaises décisions quand il s'agit de faire un régime. Voici une recette de jus qui prend juste quelques minutes à préparer et elle vous donnera un début de journée sain pour une bonne santé. Les pêches sont pauvres en calories, donc elles peuvent vous aider à respecter les règles d'un régime de basses calories. Les graines de basilic sont une grande source de fibre et elles ont la réputation d'être bénéfiques pour la perte de poids.

- Le basilic : Réduit les inflammations et les enflures.
- Carottes: Sont un puissant antiseptique
- Pêches : Diminue les risques de cancer
- Pommes : Protège les cellules des neurones contre le stress oxydatif

### Ingrédients:

- Basilic (frais) - 3 feuilles 1.5g

- Carottes - 14 moyennes 854g
- Pêches - 5 moyennes 750g
- Pomme -1 moyenne 180 g

**Préparation:**

- Laver tous les ingrédients. Eplucher si nécessaire.
- Les mettre tous ensemble dans la centrifugeuse pour en faire un jus.

Nombre de calories: 352

**Vitamines:** Vitamine A 4079µg, Vitamine C 75mg, Calcium 208mg, Vitamine B-6 0.911mg, Vitamine E 5.83mg, Vitamine K 76.9µg, Choline 56.2mg

**Minéraux:** Cuivre 0.621mg, Magnésium 102mg, Phosphore 290mg, Sélénium 1.1µg, Zinc 2.25mg

## 10. Jus de Fruit Express

C'est un excellent jus qui vous aidera à perdre des livres ou des kilos et augmentera votre énergie. Les ingrédients utilisés dans cette recette vous aideront à mieux digérer, en stimulant les sucs digestifs et abaisseront votre taux de mauvais cholestérol. Si vous consommez deux pommes par jour, cela abaissera votre taux de mauvais cholestérol pour autant que 17 pour cent, de beaucoup, pour ainsi dire. N'oublions pas de dire en passant qu'elles sont pleines d'éléments nutritifs et que les calories consommées sont très basses. Donc vous obtenez le même résultat qu'un repas, mais en fait vous consommez moins de calories. C'est sans aucun doute idéal pour la perte de poids.

- Pommes : Réduisent le risque d'incidents thrombotiques
- Carottes : Nettoient le corps
- Citron : Renforce le foie
- Pêches : Améliorent la santé du cœur

- Banane: Diminue la pression du sang

**Ingrédients:**

- Pommes - 1 grande 200g
- Carottes – 8 moyennes 500g
- Citron (sans la pelure) - 1/2 fruit 40g
- Pêches - 2 grandes 300g
- Banane (épluchée) - 1 medium 150g

**Préparation:**

- Laver tous les ingrédients. Eplucher si nécessaire.
- Les mettre tous ensemble dans la centrifugeuse pour en faire un jus.

Nombre de calories: 410

**Vitamines:** Vitamine A 3128µg, Vitamine C 109.8mg, Calcium 194mg, Vitamine B-6 0.819mg, Vitamine E 4.44mg, Vitamine K 54.3µg, Choline 55.7mg

**Minéraux:** Cuivre 0.412mg, Magnésium 94mg, Phosphore 206mg, Sélénium 1.2µg, Zinc 1.37mg

## 11. Un jus en Or

C'est un jus parfait si vous voulez avoir une taille plus mince. Un des avantages d'utiliser le chou frisé est qu'il fournit de la puissance nutritionnelle avec moins de calories par tasse. Le céleri aide à calmer la nervosité parce qu'il contient du calcium et vous aidera à contrôler votre tension. Il abaisse aussi le niveau de mauvais cholestérol grâce à la pectine contenue dans les pommes, donc ce jus peut se transformer en véritable allié pour maigrir.

- Pomme : Réduit le risque de développer le cancer, le diabète et les maladies cardiaques
- Céleri : Procure jusqu'à 10 pour cent de votre besoin quotidien de Vitamine A
- Concombre : Aide à prévenir le diabète, réduit le mauvais cholestérol et contrôle la pression sanguine
- Racine de gingembre : Très efficace pour diminuer les symptômes de troubles gastro-intestinaux

- Chou frisé : C'est un excellent aliment anti-inflammatoire
- Citron : Aide à maintenir votre système immunitaire

**Ingrédients:**

- Pommes - 2 moyennes   364g
- Céleri - 2 tiges, 128g
- Concombre - 1 concombre 290g
- Racine de Gingembre - 1 pouce 20g
- Chou Frisé - 4 feuilles (8-12") 120g
- Citron - 1/2 fruit 40g

**Préparation:**

- Laver tous les ingrédients. Eplucher si nécessaire.
- Les mettre tous ensemble dans la centrifugeuse pour en faire un jus.

Nombre de calories: 215

**Vitamines:** Vitamine B-6 0.77mg, Vitamine E 1.09mg, Niacine 2.637mg, Thiamine 0.315mg, Vitamine K 1128.7µg

**Minéraux:** Cuivre 2.47mg, Magnésium 119mg, Phosphore 207mg, Zinc 1.65mg

## 12. Jus Energisant

Si vous cherchiez un jus qui vous aidera avec votre régime ou avec votre perte de poids, vous devriez considérer celui-ci. Les betteraves sont une bonne manière de purifier non seulement le sang, mais aussi le foie et c'est une excellente chose parce qu'il aide à transformer la graisse par métabolisme, donc vous vous en débarrassez plus vite. Les carottes vous aident à éliminer les liquides en excès dans corps, donc la rétention d'eau est réduite, surtout pour les femmes. Vous gagnerez plus d'énergie grâce aux fibres qui s'y trouvent et ce sera une façon saine d'alimenter votre corps.

- Betterave : excellente pour stimuler votre endurance
- Chou : Plein de Vitamine K, aide aux fonctions mentales et à la concentration
- Carottes : Préviennent les maladies cardiaques
- Citron : Joue le rôle d'un purifiant sanguin
- Orange: Protège la peau

- Ananas : Prévient l'asthme
- Epinards : Une des meilleures sources de potassium diététique

**Ingrédients:**

- Betterave - 1 betterave 155g
- Chou (rouge) - 2 feuilles 40g
- Carottes - 2 moyennes 143g
- Citron - 1/2 fruit 40g
- Orange - 1 fruit 121g
- Ananas - 1/3 fruit 206g
- Epinards - 2 poignées 50g

**Préparation:**

- Laver tous les ingrédients. Eplucher si nécessaire.
- Les mettre tous ensemble dans la centrifugeuse pour en faire un jus.

Nombre de calories: 195

**Vitamines:** Vitamine B-6 0.60mg, Vitamine E 1.58mg, Vitamine K 149.6µg, Choline 43.8mg, Acide Folique 261µg, Niacine 2.136mg

**Minéraux:** Cuivre 0.317mg, Magnésium 97mg, Phosphore 131mg, Sélénium 2.1µg, Zinc 1.22mg

## 13. Jus Rafraîchissant

Les betteraves aident à désintoxiquer le corps, donc ce jus est parfait pour un programme de perte de poids. Boire du jus de citron aide à la détente de l'esprit et du corps en réduisant la tension. Les carottes font un travail impressionnant dans l'augmentation de la production de vos leucocytes et cela vous aide à construire un système immunitaire plus fort, qui mène finalement à avoir un corps plus fort.

- Pommes : Sont extrêmement riches en antioxydants importants
- Betteraves : Ont un effet anticancéreux
- Carottes : Haut niveau de bêta-carotène qui agit comme un antioxydant pour prévenir les lésions cellulaires
- Citron : Aide à la production de sucs digestifs
- Orange: Combat les infections virales

**Ingrédients:**
- Pomme – 1 moyenne 152g

- Betterave – 1 betterave 165g
- Carottes – 10 moyennes 560g
- Citron – ½ fruit 40g
- Oranges (épluchées) – 2 fruits 242g

**Préparation:**
- Laver tous les ingrédients. Eplucher si nécessaire.
- Les mettre tous ensemble dans la centrifugeuse pour en faire un jus.

Nombre de calories: 275

**Vitamines:** Vitamine B-6 0.945mg, Vitamine E 4.01mg, Vitamine K 60.8µg, Choline 71.4mg, Acide Folique 233µg, Niacine 5.101mg

**Minéraux:** Cuivre 0.40mg, Magnésium 107mg, Phosphore 243mg, Sélénium 2.3µg, Zinc 1.81mg

## 14. Jus au Goût de Citron

L'adjonction de jus de citron à une boisson aidera à augmenter la perte de poids. Cette recette de jus est excellente pour un régime de perte de poids. Les citrons aident à contrôler l'hypertension et sont aussi une grande source de Vitamine C. Ce jus est meilleur servi après le dîner et adapté à un style de vie actif. Tous ces ingrédients vous aideront à abaisser votre cholestérol et à résoudre tous vos problèmes d'indigestion.

- Myrtille : Neutralise les radicaux libres qui causent les maladies et le vieillissement
- Citron : Aide à équilibrer les niveaux de calcium et d'oxygène dans le foie
- Grenade : Régénère les cellules

**Ingrédients:**

- Myrtilles - 1 tasse 128g
- Citron - 1/4 fruit 20g
- Grenade - 1 grenade (262g)

**Préparation :**

- Laver tous les ingrédients.
- La grenade peut être ajoutée avec la membrane, vous gagnez du temps, et le goût restera très bon.
- Les mettre tous ensemble dans la centrifugeuse pour en faire un jus.

Nombre de calories: 168

**Vitamines:** Vitamine A 3µg, Vitamine C 27mg, Vitamine B-6 0.209mg, Vitamine E 1.6mg, Vitamine K 49.4µg, Choline 21mg, Acide Folique 63µg

**Minéraux:** Cuivre 0.346mg, Magnésium 28mg, Phosphore 76mg, Sélénium 1.2µg, Zinc 0.57mg

## 15. Jus de la Joie de Vivre

C'est un jus merveilleux pour ceux d'entre vous qui aiment la menthe. Le gingembre joue un grand rôle dans la baisse du cholestérol LDL, parce que l'épice qui s'y trouve réduit la quantité entière de cholestérol qui est absorbée. Il aide aussi à mieux digérer les aliments gras et les protéines. Les oranges ont un effet alcalin dans le système digestif qui stimule les sucs digestifs, donc vous obtiendrez un métabolisme plus actif. Faites un essai. Il vous aidera à vous débarrasser de ces livres ou kilogrammes récalcitrants.

- Bulbe de Fenouil : Apporte les bons niveaux d'hydroxyde de potassium bons pour le cœur
- Racine de Gingembre : Contient des huiles essentielles bénéfiques pour la santé
- Citron : Equilibre et maintient le niveau de pH dans le corps
- Orange: Réduit le risque de cancer du foie
- Menthe : Inhibe la croissance du cancer de la prostate

**Ingrédients:**

- Bulbe de Fenouil (entier avec les frondes) - 1 bulbe 200g
- Racine de Gingembre - 1/2 pouce 14g
- Citron - 1/2 fruit 25g
- Orange (épluchée) - 1 large 160g
- Menthe - 5 feuilles 0.25g

**Préparation:**
- Laver tous les ingrédients.
- Les mettre tous ensemble dans la centrifugeuse pour en faire un jus.

Nombre de calories: 84

**Vitamines:** Vitamine A 14µg, Vitamine C 79.4mg, Vitamine B-6 0.144mg, Acide Folique 66µg, Niacine 1.358mg, Riboflavine 0.101mg

**Minéraux:** Cuivre 0.173mg, Magnésium 36mg, Phosphore 96mg, Sélénium 2mg, Zinc 0.41mg

## 16. Jus au Cœur de Pomme

Ce jus vous aidera à améliorer votre santé et à maigrir en même temps. Les éléments nutritifs des jus sont facilement absorbés par votre corps et sont assimilés plus rapidement par votre métabolisme. Les pommes vous aident à abaisser votre mauvais cholestérol grâce à la pectine qu'elles contiennent. Les citrons sont toujours excellents pour réduire la graisse de votre corps. Considérez juste ce jus comme un ami qui veut vous aider à perdre du poids.

- Pomme: Prévient le cancer du sein
- Canneberge : Réduit le risque de maladie cardiovasculaire
- Racine de Gingembre : Possède des effets anti-inflammatoires
- Citron : Evite la formation des rides et de l'acné

**Ingrédients:**

- Pommes - 3 moyennes 500g
- Canneberges - 1/2 tasse 50g

- Racine de Gingembre - 1/4 pouce  6g
- Citron - 1/2 fruit  42g

**Préparation:**

- Laver tous les ingrédients.
- Les mettre tous ensemble dans la centrifugeuse pour en faire un jus.

Nombre de calories: 204

**Vitamines:** Vitamine A 23µg, Vitamine C 101.5mg, Fer 0.68mg, Vitamine B-6 0.214mg, Vitamine E 1.19mg, Vitamine K 9.2µg, Calcium 76mg

**Minéraux:** Cuivre 0.193mg, Magnésium 35mg, Phosphore 61mg, Sélénium 0.7µg, Zinc 0.25mg

## 17. Jus pour Tous les Moments

La perte de graisse se fait grâce à la consommation de jus naturels et voici une recette que vous aimerez vraiment. Le plus grand avantage du gingembre est qu'il vous aidera à digérer les aliments gras et décomposera les protéines. Les épinards sont riches en fibres, pour vous aider à gagner plus d'énergie avec moins de calories. Le céleri est considéré comme calories-négatif (tueur-de-calories) et en ajoutant le céleri à votre régime, vous augmenterez vos résultats de perte de poids sans beaucoup d'efforts. Sentez-le, goûtez-le et permettez-lui de vous aider dans votre routine de perte de poids quotidienne.

- Pommes : Réduit les risques d'AVC (Accident Vasculaire Cérébral)
- Céleri: Aide à mieux digérer
- Concombre : Soulage l'essoufflement
- Racine de Gingembre : Possède des effets antimicrobiens
- Citron : Maintient la santé des yeux

- Lime: Excellent réducteur de poids
- Epinards : Prévention du cancer

**Ingrédients:**

- Pommes - 2 moyennes 350g
- Céleri - 3 branches, grandes 182g
- Concombre - 1 concombre 300g
- Racine de Gingembre - 1/2 pouce 10g
- Citron (avec le zeste) - 1/2 fruit 41g
- Lime (avec le zeste) - 1 fruit 65g
- Epinards - 2 tasses 50g

**Préparation:**

- Laver tous les ingrédients.
- Les mettre tous ensemble dans la centrifugeuse pour en faire un jus.

Nombre de calories: 185

**Vitamines:** Vitamine A 648µg, Vitamine C 198.9mg, Calcium 304mg, Vitamine B-6 0.422mg, Vitamine E 2.39mg, Vitamine K 1904.6µg, Niacin 2.607mg

**Minéraux:** Cuivre 0.395mg, Magnésium 129mg, Phosphore 201mg, Sélénium 1.9µg, Zinc 2.04mg

## 18. Jus de Pommes Acidulé

Boire du jus est une excellente façon de recevoir des aliments concentrés dans notre corps. La recette suivante est excellente, elle aide notre système digestif à mieux fonctionner en nettoyant l'estomac et les reins et cela mène finalement à un corps plus fort. Ce jus abaissera votre taux de mauvais cholestérol grâce aux d'Ingrédients particuliers qu'il contient. Le jus de pastèque prévient l'obstruction des artères et augmente en même temps le HDL, qui est du bon cholestérol. C'est un jus idéal à déguster avant toute routine d'exercice, c'est une source excellente d'énergie.

- Citron : Aide à la production des sucs digestifs
- Tomate: Maintient la pression du sang
- Pastèque : Prévient l'asthme
- Pomme : Améliore la santé neurologique

**Ingrédients:**

- Citron - 1/2 fruit 40g

- Tomate - 1 grande entière 171g
- Pastèque - 1 grande tranche 560g
- Pomme – 1 moyenne 175g

**Préparation:**
- Laver tous les ingrédients.
- Les mettre tous ensemble dans la centrifugeuse pour en faire un jus.

Nombre de calories: 135

**Vitamines:** Vitamine A 176µg, Vitamine C 68.5mg, Vitamine B-6 0.326mg, Vitamine E 0.98mg, Vitamine K 11.5µg, Calcium 58mg, Fer 1.70mg

**Minéraux:** Cuivre 0.264mg, Magnésium 57mg, Phosphore 69mg, Sélénium 1.6µg, Zinc 0.61mg

## 19. Jus de la Puissance Verte

Les jus sont une très bonne façon de garder notre corps en bonne santé et nous aident à rester en forme. A chaque fois que vous écrasez des aliments comme les légumes ou les fruits, ils deviennent incroyablement plus faciles à absorber. Cela signifie que tous les aliments essentiels seront assimilés par votre corps plus rapidement que les Vitamines ou d'autres compléments alimentaires. Les carottes éliminent les liquides en excès de votre corps et grâce à la Vitamine A et la Beta Carotène, les carottes peuvent réduire les risques de plusieurs cancers. C'est une excellente façon de protéger votre corps et de le nourrir avec seulement une bonne boisson.

- Pomme : Diminue les niveaux de mauvais cholestérol
- Chou: Aide à désintoxiquer le corps
- Carotte: Prévient les maladies cardiaques
- Racine de Gingembre : Contient des huiles essentielles bénéfiques pour la santé
- Epinards: Contribuent à la bonne santé des os

**Ingrédients:**

- Pommes - 2 moyennes 364g
- Chou (rouge) - 1/4 de tête 140g
- Carottes - 4 moyennes 244g
- Racine de Gingembre - 1/2 10g
- Epinards - 4 poignées 100g

**Préparation:**

- Laver tous les ingrédients.
- Les mettre tous ensemble dans la centrifugeuse pour en faire un jus.

Nombre de calories: 200

**Vitamines:** Vitamine A 1818µg, Vitamine C 120mg, Vitamine B-6 0.73mg, Vitamine E 3.2mg, Vitamine K 404.1µg, Calcium 198mg, Niacine 2.936mg

**Minéraux:** Cuivre 0.288mg, Magnésium 111mg, Phosphore 161mg, Sélénium 1.7µg, Zinc 1.15mg

## 20. Début de Journée

Les gens ont sérieusement besoin d'une alternative saine au lieu des aliments artificiels et traités. Trop de gens prennent du poids parce qu'ils ne peuvent pas contrôler combien ils mangent. Certains composés protéinés dans les épinards sont favorables à la baisse de l'hypertension. La pectine dans les pommes, les poires et les carottes abaisse les niveaux de cholestérol. Le gingembre augmente la circulation sanguine et grâce à cet excellent mélange, vous obtenez une bonne quantité de fructose et de glucose, en vous assurant toute l'énergie nécessaire pour une journée active. On peut apprécier ce jus le matin ou après le dîner; c'est une boisson formidable quand on essaie de manger de la nourriture de qualité supérieure.

- Pomme: Réduit les risques de diabète
- Carottes: Maintiennent une peau éclatante de santé
- Concombre : Réduit le cholestérol et contrôle la pression sanguine

- Racine de Gingembre : Aide à améliorer la motilité intestinale
- Poire: Bénéfique pour la santé du côlon
- Epinards: Préviennent la constipation et assurent une bonne digestion saine

**Ingrédients:**

- Pomme - 1 moyenne 180g
- Carottes - 5 moyennes 300g
- Concombre - 1 concombre 300g
- Racine de Gingembre - 1 pouce 24g
- Poire - 1 moyenne 165g
- Epinards - 2 poignées 50g

**Préparation:**

- Laver tous les ingrédients.
- Les mettre tous ensemble dans la centrifugeuse pour en faire un jus.

Nombre de calories: 211

**Vitamines:** Vitamine A 1863µg, Vitamine C 60.9mg, Vitamine B-6 0.545mg, Vitamine E 2.37mg, Vitamine K 220.1µg, Calcium 151mg, Fer 2.8mg

**Minéraux:** Cuivre 0.408mg, Magnésium 104mg, Phosphore 164mg, Sélénium 1.2µg, Zinc 1.28mg

## 21. Simplement Céleri

Le fait de presser est vraiment l'art d'extraire le liquide et les éléments nutritifs de tout fruit ou légume. Il aide à créer l'énergie et la vitalité comme aucune pilule ne peut le faire. Cette recette améliorera le taux auquel vous maigrissez et vous donnera en même temps toutes les vitamines et minéraux quotidiens dont votre corps a besoin. Le corps humain est composé d'environ 75 % d'eau, donc pour une fonction physique convenable, la digestion et la désintoxication, la consommation quotidienne recommandée est d'environ 2.5 litres. L'eau est un excellent élément pour perdre du poids, donc il vous est nécessaire d'en boire beaucoup. Avec ce jus, vous recevez une portion concentrée des exigences liquides quotidiennes dont votre corps a besoin, avec les aliments et les fibres qui vous fourniront une forte augmentation d'énergie tout au long de la journée.

- Pommes: Réduisent le risque de diabète
- Céleri: Réduit l'inflammation

- Mandarine: Soigne les blessures et les coups

**Ingrédients:**

- Pommes - 2 grandes 440g
- Céleri - 8 tiges, grandes 510g
- Mandarine (épluchée) - 1 petite 76g

**Préparation:**

- Laver tous les ingrédients.
- Les mettre tous ensemble dans la centrifugeuse pour en faire un jus.

Nombre de calories: 180

**Vitamines:** Vitamine A 101µg, Vitamine C 57.2mg, Calcium 162mg, Vitamine B-6 0.427mg, Vitamine E 1.5mg, Vitamine K 101.7µg, Choline 30mg

**Minéraux:** Cuivre 0.217mg, Magnésium 61mg, Phosphore 127mg, Sélénium 1.3µg, Zinc 0.45mg

## 22. Le Plein d'Energie

Ce jus a une haute concentration de potassium et de phosphore, nécessaires pour la fonction normale du corps. Le jus de tomate est un excellent antioxydant et améliorera aussi la fonction digestive. La forte contenance de Vitamine C dans ce jus aidera au maintien de l'intégrité structurelle des os. L'oignon est excellent à utiliser dans toute recette, parce qu'il a un rapport de basse-calorie/richesse-en-fibres qui est exactement ce dont vous avez besoin pour réduire la graisse de votre corps.

- Concombre : Combat les cancers
- Oignon : Combat les radicaux libres
- Persil : Grand stimulateur d'immunité
- Poivron : Aide à soulager les allergies
- Tomates: Réduisent les risques de cancer de la prostate

**Ingrédients:**

- Concombre - 1 concombre 300g
- Oignon (printanier/échalote) - 1 moyen 15g

- Persil - 1 poignée 40g
- Poivron (doux rouge) - 1/2 medium 55g
- Tomates - 2 petites entières 180g

**Préparation:**
- Laver tous les ingrédients.
- Les mettre tous ensemble dans la centrifugeuse pour en faire un jus.

Nombre de calories: 68

**Vitamines:** Vitamine A 260µg, Vitamine C 126mg, Calcium 102mg, Vitamine B-6 0.412mg, Vitamine E 2.06mg, Vitamine K 522.6µg, Calcium 90mg

**Minéraux:** Cuivre 0.252mg, Magnésium 71mg, Phosphore 114mg, Sélénium 0.7µg, Zinc 1.12mg

## 23. Douces Carottes

"Les Douces Carottes" vous aideront à garder votre corps en bonne santé et à maigrir en même temps. Le jus de poivron vous aidera de façon significative en réduisant le cholestérol. Les carottes contiennent du béta carotène qui aide à réduire le risque de cancer. La haute quantité de vitamines et de minéraux qui se trouvent dans ce jus accélérera sans aucun doute la cadence à laquelle vous vous débarrasserez de la graisse et commencerez à sembler plus mince.

- Carottes: Reconstituent vos vitamines quotidiennes
- Céleri: Aide à mieux digérer
- Concombre : Grande source de vitamine B
- Persil : Grand reconstituant sanguin
- Poivron: Aide à produire de la salive grâce à son goût de Cayenne
- Tomates: L'acide folique dans les tomates peut combattre la dépression

**Ingrédients:**

- Carottes - 2 grandes 144g
- Céleri - 3 tiges, grandes 192g
- Concombre - 1/2 concombre 150.5g
- Persil - 2 poignées 80g
- Poivron (doux vert) - 1/2 moyen 58g
- Tomates - 3 moyennes entières 360g

**Préparation:**

- Laver tous les ingrédients.
- Les mettre tous ensemble dans la centrifugeuse pour en faire un jus.

Nombre de calories: 107

**Vitamines:** Vitamine A 1227µg, Vitamine C 142.3mg, Vitamine B-6 0.642mg, Vitamine E 3.15mg, Vitamine K 1013.3µg, Calcium 212mg, Fer 5.55mg

**Minéraux:** Cuivre 0.416mg, Magnésium 105mg, Phosphore 200mg, Sélénium 1.1µg, Zinc 1.80mg

## 24. Lime Delight – Merveille au Citron Vert

"Lime Delight" combine les fruits sains et naturels et les légumes dans une seule boisson qui vous donnera plein d'énergie, et vous serez prêt pour une nouvelle journée. La pectine dans les pommes peut abaisser votre taux de cholestérol par autant que 15 pour cent. Le poivron aide votre corps à augmenter votre métabolisme en abaissant les triglycérides, ce qui va vraiment faire une différence lors de la perte de poids. Vous devriez consommer ce jus pour commencer votre journée et sentir la différence au soir.

- Pomme: Aide à perdre du poids
- Coriandre: Très riche en de nombreux antioxydants
- Concombre: vous soulage de la mauvaise haleine
- Citron vert: aide à éliminer les toxines
- Poivre: Remède pour les maux de dents

**Ingrédients:**
- Pommes - 2 moyennes 360g
- coriandre - 1 bouquet 90g

- Concombres - 2 concombres 600g
- Citron vert (avec couenne) - 1/2 fruit 30g
- Poivron (vert sucré) (épépiné) - 1/2 56g moyen

**Préparation** :
- Laver tous les ingrédients. Eplucher si nécessaire.
- Les mettre tous ensemble dans la centrifugeuse pour en faire un jus.

Nombre de calories: 179

**Vitamines**: vitamine A 244µg, vitamine C 79.2mg, vitamine B-6 0.442mg, vitamine E 2,1mg, vitamine K 227.6µg, calcium 128mg, fer 2.68mg

Minéraux: 0.419mg Cuivre, Magnésium 80mg, 153mg de phosphore, sélénium 1.8µg, Zinc 1,25 mg

## 25. Jus coloré

Je pense que la perte de poids peut être un défi pour tous ceux qui ne peuvent pas contrôler comment et ce qu'ils mangent, mais avec de la persévérance et un esprit sérieux, vous pouvez arriver à tout. "Jus coloré" vous aidera à vous rapprocher de votre objectif. Les asperges contiennent 3 g de fibres qui vont rapidement nettoyer votre système digestif. Quant au céleri, il aide à calmer l'envie de sucreries, et aide à contrôler l'hypertension artérielle. Il contient des pro-biotiques qui stimulent sélectivement la croissance des bonnes bactéries dans l'intestin, ce qui aide la digestion. N'oublions pas de mentionner la grande quantité d'éléments nutritifs qui seront ainsi plus facilement absorbés. C'est un jus essentiel si vous êtes sérieux pour votre remise en forme.

- Asperges: Grande source d'éléments nutritifs
- Carottes: La vitamine A aide le foie à débusquer les toxines du corps
- Céleri: Très faible en calories, excellent choix pour perdre du poids

- Pomme: régule le sucre sanguin

## Ingrédients:

- Asperges - 4 lances, 60g moyen
- Carottes - 3 grandes 216g
- céleri - 2 tiges, grande 128g
- Apple - 1 support 180g

## Préparation :

- Lavez tous les ingrédients. Eplucher si nécessaire.
- En faire un jus pour une boisson saine.

Nombre de calories: 71

**Vitamines**: vitamine A 1259µg, vitamine C 14.1mg, 87 mg de calcium, fer 1.40mg, vitamine B-6 0.302mg, vitamine E 1.55mg, vitamine K 61.5µg

**Minéraux**: 0.173mg de cuivre, magnésium 31 mg, 81 mg de phosphore, sélénium 1.3µg, Zinc 0.61mg

## 26. Le Jus des Vacances

Le Jus est une façon amusante et facile pour incorporer des fruits et légumes dans votre alimentation. Cette recette est à la fois saine et délicieuse. Un grand avantage de l'ajout de chou dans votre jus est qu'il fournit un grand boost nutritionnel avec l'un des plus petit nombre de calories par tasse de tous les légumes, et il va vous aider à paraître plus mince plus rapidement. Le jus de citron aide à réduire le cholestérol et à se débarrasser de la graisse. Servir ce jus 30 minutes avant un repas pour en obtenir le meilleur rendement.

- Pommes: contiennent de la pectine et abaissent le LDL (mauvais cholestérol)
- Céleri: aide à contrôler l'hypertension artérielle
- Concombre: Contient de la silice, élément essentiel du tissu conjonctif sain
- La racine de gingembre: améliore effets de la digestion
- Chou frisé: Aide à maintenir un système immunitaire sain

- Citron: Aide à guérir les problèmes respiratoires
- Orange: Aide à stimuler les globules blancs pour combattre l'infection

## Ingrédients:

- Pommes - 3 moyennes 540g
- céleri - 3 branches, grandes, 190g
- Concombre – ½ concombre 150.5g
- racine de gingembre - 1/2 pouce 10g
- Chou frisé - 4 feuilles de 140g
- citron - 1 fruit 50g
- Orange (pelé, épépiné) - 1 grande 180g

**Préparation :**
- Lavez tous les ingrédients. Eplucher si nécessaire.
- Les mettre tous ensemble dans la centrifugeuse pour en faire un jus.

Nombre de calories: 295

**Vitamines**: vitamine A 531µg, vitamine C 212.8mg, calcium 294mg, 2.69mg de fer, vitamine B-6 0.627mg, vitamine E 1,3 mg, vitamine K 735.8µg

**Minéraux :** 1.664mg Cuivre, Magnésium 103mg, 211mg de phosphore, sélénium 2.4µg, Zinc 1.19mg

## 27. Puissance Épinards

" Puissance Épinards " peut remplacer une collation ou même une partie de votre petit-déjeuner, le matin, si vous avez vraiment faim. C'est une excellente source d'énergie et de nutrition. Pour avoir un corps plus fort, vous avez besoin que toutes les fonctions du corps travaillent efficacement. Les betteraves aident à nettoyer le sang et à métaboliser les graisses. N'oublions pas qu'ils sont riches en hydrates de carbone de sorte qu'ils sont une grande source d'énergie. Le céleri est une excellente source de vitamine C et est riche en fibres, ce qui est important pour le corps.

- Pommes: Elles réduisent le risque de développer un cancer du poumon
- Betterave: Est un traitement utilisé contre la leucémie
- Carottes: la consommation de bêta-carotène réduit le risque de plusieurs cancers
- Epinard: Ralentit la division des cellules cancéreuses, le cancer du sein

## Ingrédients:

- Apple - 1 support 180g
- Betterave - 175g 1 de betterave
- Carottes - 8 moyennes 480g
- épinards - 3 tasses 90g

## Préparation:

- Lavez tous les ingrédients. Epluchez si nécessaire.
- Les mettre tous ensemble dans la centrifugeuse pour en faire un jus. Nombre de calories: 190

**Vitamines**: vitamine A 3074µg, vitamine C 50.5mg, calcium 218mg, vitamine B-6 0.765mg, vitamine E 3.05mg, vitamine K 368.6µg, 4.01mg de fer

**Minéraux**: 0.373mg Cuivre, Magnésium 125mg, 215mg de phosphore, sélénium 2.1µg, Zinc 1.35mg

## 28. Fournisseur de Santé

Pour vivre mieux et vous sentir bien, vous avez besoin de rester loin de la malbouffe. Ce jus fournira le corps avec beaucoup de la nutrition dont il a besoin. Faire ce jus le matin pour une grande source d'énergie, et il vous aidera à maintenir votre métabolisme actif pendant toute la journée. La choline contenue dans le jus de betterave est un excellent moyen pour détoxifier l'ensemble du système digestif. Une carotte par jour réduit le risque d'AVC de 68 pour cent de sorte que vous pouvez penser à deux fois avant de sauter vos légumes. Des quantités élevées d'éléments nutritifs font de ce jus un excellent moyen pour alimenter votre corps pour toute la journée, accompagné d'une alimentation saine.

• Pommes: Peuvent protéger les cellules du cerveau contre les dommages des radicaux libres qui mènent à la maladie d'Alzheimer.

• Betterave: la source unique de la bétaïne, un nutriment qui aide les cellules de protection

- Carottes: Le niveau élevé de bêta-carotène agit comme un antioxydant pour réparer les dommages des cellules
- Céleri: Il règle l'équilibre alcalin du corps
- racine de gingembre: Aide aux problèmes liés à l'arthrite
- Concombre: Réhydrate le corps et régénère les vitamines

**Ingrédients:**

- Pommes - 2 moyennes 360g
- Betterave – 1 betterave de 175g
- Carottes - 4 moyennes 240g
- céleri - 3 branches, 192g
- racine de gingembre - 1/2 pouce 10g
- concombre - 150g, moitié d'un concombre

## Préparation:

- Lavez tous les ingrédients. Eplucher si nécessaire.
- Les mettre tous ensemble dans la centrifugeuse pour en faire un jus.

Nombre de calories: 215

**Vitamines:** vitamine A 1370µg, vitamine C 34.2mg, vitamine B-6 0.557mg, vitamine E 2.04mg, la vitamine K 83.1µg, calcium 160mg, 2.40mg de fer

**Minéraux:** 0.327mg de cuivre, de magnésium 84 mg, 167mg de phosphore, sélénium 1.6µg, Zinc 1,25 mg

## 29. La vie saine

Le cocktail "Vie Saine" est essentiel pour maintenir une bonne santé et peut améliorer votre perte de poids. Il est facile à préparer et vous obtenez le maximum d'avantages lorsque tous les ingrédients sont frais. Les betteraves sont pleines de bon carburant pour notre corps, contenant des quantités élevées de fibres essentielles à l'organisme. La spiruline contient tous les acides aminés essentiels dont le corps a besoin, et qui va certainement être très importante lorsque vous essayez de mincir.

- Betterave: Utile pour aider à nettoyer le foie
- Céleri: Protège les yeux et empêche la dégénérescence de la vision liée à l'âge
- Epinards: Haut niveau de fer, il est un grand bâtisseur de sang
- Spiruline: Augmente l'endurance et de l'immunité

**Ingrédients:**

- Betterave – 1 betterave de 175g
- céleri - 2 tiges, grande 128g
- épinards - 3 tasses 90g
- Spiruline (séchée) - 1 cuillère à café de 2.31g

## Préparation :

- Lavez tous les ingrédients. Eplucher si nécessaire.
- Les mettre tous ensemble dans la centrifugeuse pour en faire un jus.

Nombre de calories: 52

**Vitamines**: vitamine A 308µg, vitamine C 23.7mg, vitamine B-6 0.257mg, vitamine E 1.45mg, vitamine K 311.1µg, calcium 110 mg, 3.12mg de fer

**Minéraux**: 0.291mg de cuivre, de magnésium 90 mg, 100 mg de phosphore, sélénium 2 pg, Zinc 0.78m

## 30. Roule la betterave

Les Jus ont été depuis longtemps et sont toujours l'un des meilleurs moyens pour absorber tous les éléments nutritifs que les fruits et légumes ont à offrir. "Roule la betterave" est simple à préparer et en raison de l'apport calorique faible, vous verrez de grands résultats peu de temps après l'avoir bu. Le meilleur moment de la journée c'est le matin et vous pourrez commencer la journée avec un grand regain d'énergie pour rester actif.

• Betterave: Diminue la pression artérielle dans un court laps de temps
• Carottes: Grande source de bêta-carotène
• Oranges: Luttent contre les infections virales

### Ingrédients:

- Betterave – 1 betterave de 170g
- Carottes - 2 moyennes 120g
- Oranges - 2 fruits 262g

### Préparation:

- Lavez tous les ingrédients. Eplucher si nécessaire.
- Les mettre tous ensemble dans la centrifugeuse pour en faire un jus.

Nombre de calories: 115

**Vitamines**: Vitamine A 726µg, vitamine C 104.6mg, vitamine B-6 0.29mg, vitamine E 0.84mg, vitamine K 11.1µg, calcium 111mg, 1.40mg de fer

**Minéraux**: 0.211mg Cuivre, Magnésium 55mg, 102mg de phosphore, sélénium 1.7µg, Zinc 0.73mg

## 31. Le Punch de la Vie

Lorsque vous êtes pressé, il est tentant de prendre des aliments en conserve ou transformés qui sont dans le marché tout simplement parce qu'ils sont faciles à faire. Mais le plus facile n'est pas toujours la meilleure façon à long terme. Un moyen facile d'avoir chaque jour une collation saine qui vous fournit toutes les vitamines est le jus, et ce jus est emballé avec des ingrédients essentiels qui permettront de renforcer votre système immunitaire et remplir votre corps avec ce dont il a besoin pour fonctionner correctement et efficacement.

- Betterave: Empêche le cancer
- Carottes: Un excellent moyen de protéger la peau du soleil
- Céleri: Facilite la digestion, augmente la perte de poids
- racine de gingembre: A des effets anti-inflammatoires
- Lime: Il équilibre et maintient le niveau du corps de pH
- Poivre: Prend en charge la perte de poids
- épinards: Maintient la fonction musculaire et nerveuse

## Ingrédients:

- Betterave - 170g
- Carottes - 210g
- céleri - 2 tiges, 125g
- racine de gingembre - 1 pouce 20g
- Lime - 30g moitié de fruits
- Poivre (jalapeno) - 1 poivron 10g
- épinards - 2 tasses 60g

## Préparation:

- Lavez tous les ingrédients. Eplucher si nécessaire.
- Les mettre tous ensemble dans la centrifugeuse pour en faire un jus.

Nombre de calories: 107

**Vitamines:** vitamine A 1457µg, vitamine C 48.4mg, vitamine B-6 0.507mg, vitamine E 2.49mg, la vitamine K 241.1µg, calcium 155mg, 3.01mg de fer

**Minéraux:** 0.301mg Cuivre, Magnésium 96mg, 151mg de phosphore, sélénium 2 pg, Zinc 1.21mg

## 32. Le batailleur de poids

" Le batailleur de poids " fera une différence pour vous dans votre lutte pour vous débarrasser de la graisse, même s'il n'est consommé que quelques fois par semaine. Ces fruits et légumes ont beaucoup à offrir en raison des verts et des racines dont ils disposent. Les feuilles de betteraves sont les feuilles qui viennent avec la betterave, elles ont une forte concentration de vitamines lorsque lavées et mélangées dans votre jus.

- Pomme: En raison de la pectine, permet de perdre du poids
- Verts de betterave: Ils augmentent votre endurance et luttent contre l'inflammation
- Betterave: A des effets anti-cancer
- Carottes: Améliorent la vision et ont un effet antivieillissement
- Céleri: facilite la digestion et lutte contre sida en raison de sa teneur en eau élevée combinée à des fibres insolubles

- racine de gingembre: A un effet antidouleur

## Ingrédients:

- Pomme - 1 grande 220g
- Feuilles de betterave (facultatif) - 3 feuilles de 95g
- Betterave – 1 betterave de 175g
- Carottes - 4 moyennes 240g
- céleri - 1 branche, grand 60g
- Racine de gingembre - 1/2 pouce 10g

## Préparation:

- Lavez tous les ingrédients. Eplucher si nécessaire.
- Les mettre tous ensemble dans la centrifugeuse pour en faire un jus.

Nombre de calories: 157

**Vitamines:** vitamine A 1645µg, vitamine C 45.1mg, vitamine B-6 0,4 mg, vitamine E 2.59mg, vitamine K 307.1µg, calcium 181mg, 3.51mg de fer

**Minéraux:** 0.371mg Cuivre, Magnésium 109mg, 162mg de phosphore, sélénium 1.8µg, Zinc 1.21mg

## 33. Petit-déjeuner Matinal

Il n'y a rien de plus rafraîchissant qu'une boisson énergétique dans la matinée. En l'essayant sur une base quotidienne, vous augmentez votre endurance et perdez du poids beaucoup plus vite que si vous n'en prenez qu'une une fois par mois. C'est à cause de la teneur élevée en fibres et en éléments nutritifs. "Petit-déjeuner Matinal" est également très faible en calories, et contient la racine de curcuma qui est un très bon anti-inflammatoire, et l'un des grands guérisseurs de la nature.

• Pomme: Contient un laxatif naturel

• Carotte: fait des merveilles pour stimuler le système immunitaire

• Céleri: Calme les nerfs à cause du contenu élevé en calcium

• La racine de gingembre: Abaisse le taux de cholestérol LDL

• Citron: Idéal pour les problèmes de santé, car il contient du potassium

- Les poires: ont des effets antioxydants qui aident à prévenir l'hypertension artérielle
- Racine de curcuma: A des effets anti-inflammatoires puissants

## Ingrédients:

- Pommes - 2 moyennes 360g
- Carottes - 3 moyennes 180g
- céleri - 3 branches, grandes, 190g
- racine de gingembre - 1 pouce 22g
- Citrons (pelés) - 2 fruits 165g
- Poires - 2 moyen 355g
- Racine de curcuma - 6 pouces 140g

## Préparation:

- Lavez tous les ingrédients. Pelez si nécessaire.
- Les mettre tous ensemble dans la centrifugeuse pour en faire un jus.

Nombre de calories: 364

**Vitamines**: vitamine A 1107µg, vitamine C 283.1mg, vitamine B-6 1.025mg, 2 mg de vitamine E, vitamine K 73.6µg, calcium 191mg, 3.41mg de fer

**Minéraux:** 0.743mg de cuivre, de magnésium 115 mg, 212mg de phosphore, sélénium 1.5µg, Zinc 1.35mg

## 34. Démarrez Sainement

Les patates douces sont pleines de potassium et de calcium qui sont importants pour tout le monde, quel que soit votre style de vie. «Démarrez Sainement» est riche en vitamines et minéraux. Essayez cette boisson environ 30-60 minutes avant de manger, pour permettre à votre corps d'absorber tous les éléments nutritifs des fruits et légumes en premier.

- Pommes: Réduisent le risque de cancer
- Betteraves : nettoient le côlon et renforcent le foie
- Carotte: La bêta-carotène diminue le risque de dégénérescence musculaire
- Orange: Stimule les globules blancs pour combattre l'infection
- Poivre: A des effets antioxydants et antibactériens
- Patate douce: aide le système immunitaire à se renforcer

### Ingrédients:
- Les pommes (golden) - 2 moyen 360g

- Betteraves - 2 betteraves 160g
- Carotte - 1 grande 70g
- Orange (en option) - 1 fruit 135g
- Poivron (rouge doux) - 1 support 115g
- patate douce - 130g

## Préparation:

- Lavez tous les ingrédients. Pelez si nécessaire.
- Les mettre tous ensemble dans la centrifugeuse pour en faire un jus.

Nombre de calories: 250

**Vitamines**: vitamine A 1211µg, vitamine C 177.5mg, vitamine B-6 0.735mg, vitamine E 2.51mg, vitamine K 18.1µg, calcium 118 mg, 2.31mg de fer

**Minéraux**: 0,35 mg de cuivre, de magnésium 85MG, phosphore 167mg, sélénium 1.8µg, Zinc 1.15mg

## 35. Mix Naturel

Les jus ont toujours été une boisson délicieuse, mais ils sont plus que cela, ils sont une source de santé et, s'ils sont faits correctement avec les bons ingrédients, ils peuvent fournir toutes les vitamines dont votre corps a besoin. C'est une excellente recette de jus qui a des effets de perte de poids et aide le système immunitaire à se construire. Vous devez le boire le matin ou le soir après le dîner. Voyons quels sont les effets importants qu'il aura sur votre propre corps.

- Pomme: Contient du bore, pour la force des os
- Céleri: contient des éléments nutritifs qui protègent les yeux et prévient la dégénérescence de la vision liée à l'âge
- Concombre: Grande source de silicium qui améliore la santé de la peau
- Pissenlits Verts: aident à réduire le stress et à réduire le cancer
- Chou frisé: Fournit un grand punch nutritionnel avec peu de nombre de calories

- Citron: Aide à augmenter la perte de poids

## Ingrédients:

- Pommes - 2 moyennes 360g
- céleri - 2 tiges, 80g moyen
- concombre - 150g, moitié d'un concombre
- pissenlit - 1 tasse, haché 55g
- Chou frisé - 3 feuilles de 105g
- citron - 1/2 fruit 42g

## Préparation:

- Lavez tous les ingrédients. Eplucher si nécessaire.
- Les mettre tous ensemble dans la centrifugeuse pour en faire un jus.

Nombre de calories: 165

**Vitamines:** vitamine A 581µg, vitamine C 133.2mg, vitamine B-6 0.504mg, 2 mg de vitamine E, vitamine K 854µg, calcium 238mg, 3.13mg de fer

**Minéraux**: 1.29mg de cuivre, de magnésium 81 mg, 163mg de phosphore, sélénium 1.4µg, Zinc 0.95mg

## 36. Jus Surprise

La perte de poids a toujours été associée à des recettes de jus, parce qu'ils ont peu de calories et les éléments nutritifs sont absorbés rapidement par l'organisme. Ils doivent être consommés dans les 30-60 minutes avant un repas, et les effets devraient se faire sentir après une semaine ou deux. Voici quelques avantages de ce jus qui vous permettra d'améliorer votre état de santé.

• **Pomme:** Protège les cellules du cerveau contre les dommages des radicaux libres
• **Carotte:** La consommation de bêta-carotène a été liée à réduire le risque de plusieurs cancers
• **Coriandre:** Réduit la quantité de graisses emmagasinées dans les membranes cellulaires
• **Collard vert:** Riche en source d'éléments nutritifs aux propriétés anticancéreuses
• **Chou frise:** Contient du Sulforaphane qui aide à soutenir un système immunitaire sain

- Poivre: possède des capacités anti oxydantes de sorte qu'il peut neutraliser les radicaux libres dans le corps

## Ingrédients:

- Apple - 1 support 180g
- Carottes - 3 moyennes 180g
- coriandre - 35g 1 poignée
- Collard Greens - 1 tasse, haché 35g
- Chou frisé - 4 feuilles (8-12 ") 140g
- Pepper (rouge doux) - 1 support 115g

## Préparation:

- Lavez tous les ingrédients. Eplucher si nécessaire.
- Les mettre tous ensemble dans la centrifugeuse pour en faire un jus.

Nombre de calories: 158

**Vitamines**: vitamine A 1832µg, vitamine C 252.1mg, vitamine B-6 0.812mg, vitamine E 3.52mg, vitamine K 898.1µg, calcium 275mg, 2.86mg de fer

**Minéraux**: 1.61mg de cuivre, de magnésium 90mg, 187mg de phosphore, sélénium 1.6µg, Zinc 1.28mg

## 37. Brocoli Combo

"Brocoli Combo" est simple à préparer, vous devriez le boire le matin pour vous charger de l'énergie pour le reste de la journée. Si vous pouvez en prendre tous les deux jours, il sera encore plus bénéfique. Il a un pourcentage élevé de vitamine C qui rend votre système immunitaire plus fort et vous donne la force de lutter contre des problèmes de santé.

- Brocoli: contient beaucoup de fer, qui est un nutriment important pour assurer des niveaux d'énergie élevés
- Chou: aide à détoxifier le corps et maintient la pression artérielle
- Chou Frisé : Aide au bon fonctionnement de l'insuline et régule le sucre sanguin

### Ingrédients:

- brocoli - 150g 1 tige
- Chou - 1/2 tête, 450g moyen
- Chou frisé - 4 feuilles (8-12 ") 140g

## Préparation:

- Lavez tous les ingrédients. Eplucher si nécessaire.
- Les mettre tous ensemble dans la centrifugeuse pour en faire un jus.

Nombre de calories: 117

**Vitamines:** vitamine A 536µg, vitamine C 328.1mg, vitamine B-6 0.841mg, 1 mg de vitamine E, vitamine K 1038.6µg, calcium 321mg, 3.68mg de fer

**Minéraux:** 1.571mg Cuivre, Magnésium 102mg, 241mg de phosphore, sélénium 4.3µg, Zinc 1.41mg

## 38. Gingembre Tropical

Si vous prévoyez d'avoir une alimentation saine et perdre du poids, alors cette recette de jus doit être sur votre menu. "Gingembre Tropical" est plein de vitamines et d'éléments nutritifs qui sont non seulement bénéfiques pour votre corps, mais également pour augmenter votre niveau d'énergie tout au long de la journée. Pour cette recette, vous aurez besoin des ingrédients énumérés et vous devriez profiter de ce jus dans la soirée.

- Racine de gingembre: Empêche la croissance de la tumeur cancéreuse, et peut aider à assommer une fièvre
- Choux Frisé: Est une riche source de composés organiques soufrés qui combattent de nombreux cancers
- Mangue: Contient des enzymes qui aident à briser les protéines
- Orange: Contient de l'hespéridine qui abaisse l'hypertension artérielle
- Ananas: diminue le risque de progression de la dégénérescence musculaire liée à l'âge

## Ingrédients:

- racine de gingembre - 1/2 pouce 10g
- Chou Frisé - 4 feuilles (8-12 ") 140g
- Mangue - 1 fruit sans graine 335g
- Orange - 1 petite 95g
- ananas - 1 tasse, morceaux, 165g

## Préparation:

- Lavez tous les ingrédients. Eplucher si nécessaire.
- Les mettre tous ensemble dans la centrifugeuse pour en faire un jus.

Nombre de calories: 231

**Vitamines**: vitamine A 625µg, vitamine C 294.2mg, vitamine B-6 0.725mg, vitamine E 2.24mg, vitamine K 701.2µg, calcium 215mg, 2.25mg de fer

**Minéraux:** 1.904mg Cuivre, Magnésium 93mg, 143mg de phosphore, sélénium 2,5 pg, Zinc 0.95mg

## 39. Le Roi du Citron

Les recettes de jus sont une façon saine et moderne de rester en forme pour vous assurer que votre corps reçoit tous les éléments nutritifs, minéraux et vitamines dont il a besoin. Il est préférable d'avoir ces jus le matin, ou ils peuvent également remplacer une collation quotidienne. Si vous buvez ce jus sur une base quotidienne, vous en ressentirez les effets dans votre corps et mais aussi dans votre esprit.

• Pomme: Réduit le taux de cholestérol et diminue le risque de diabète
• Céleri: règle l'équilibre alcalin du corps
• Chou frisé: Aide à soutenir un système immunitaire sain et possède des propriétés anti-cancer
• Citron: évite les problèmes liés à la peau
• Epinards: Excellent pour abaisser la tension artérielle, et nettoie le système en supprimant les déchets accumulés

## Ingrédients:

- Pommes (Granny Smith) - 4 moyennes 725g
- Céleri - 3 branches, grande 190g
- Chou frisé - 2 feuilles (8-12 ") 70g
- Citron (avec la peau) - 1 fruit 58g
- Epinards - 4 tasses 120g

## Préparation:

- Lavez tous les ingrédients. Epluchez si nécessaire.
- Les mettre tous ensemble dans la centrifugeuse pour en faire un jus.

Nombre de calories: 254

**Vitamines**: vitamine A 679µg, vitamine C 131.4mg, vitamine B-6 0.627mg, vitamine E 3.03mg, vitamine K 801.2µg, calcium 251mg, 4.11mg de fer

**Minéraux**: 1.041mg Cuivre, Magnésium 131mg, 180mg de phosphore, sélénium 2 pg, Zinc 1.10mg

## 40. Mix Enorme

Une des meilleures méthodes pour perdre du poids et éliminer les gras est de commencer la journée avec ce jus délicieux. Les poivrons aident à augmenter le métabolisme de notre corps par la baisse des triglycérides qui sont stockés dans notre corps, ce qui aide à brûler des calories plus efficacement. Voici d'autres avantages de ce jus ainsi que la recette:

- Poivre de Cayenne: bloque la transmission de la douleur, il peut aider à soulager la douleur dans une certaine mesure
- Céleri: Réduit l'hypertension artérielle
- Coriandre: Est très faible en calories et ne contient pas de cholestérol
- L'ail: Diminue les triglycérides sanguins et réduit la formation de la plaque artérielle
- Oignon: Pendant des siècles, les oignons ont été utilisés pour réduire l'inflammation et guérir les infections

- Tomate: possède des propriétés anti-oxydantes et améliore la fonction digestive

## Ingrédients:

- Poivre de Cayenne (épice) 0,20 g
- Céleri - 1 branche, grande, 63g
- Coriandre - 35g 1 poignée
- Ail - 1 gousse 3g
- Oignon (printemps / échalote) - 1 14g moyen
- Poivre (vert et sucré) - 1 support 115g
- Sel (Himalaya) - 1 pincée de 0,2 g
- Tomate - 1 tasse de tomates cerise 145g

## Préparation:

- Lavez tous les ingrédients. Eplucher si nécessaire.
- Les mettre tous ensemble dans la centrifugeuse pour en faire un jus.

Nombre de calories: 35

**Vitamines**: vitamine A 156µg, vitamine C 91.5mg, vitamine B-6 0.370mg, vitamine E 1.65mg, vitamine K 122.2µg, calcium 63 mg, 1,25 mg de fer

**Minéraux:** 0.200mg Cuivre, Magnésium 33mg, 70mg de phosphore, sélénium 0.7µg, Zinc 0.52mg

## 41. Jus de Grand-mère

Si vous êtes un amateur de jus, voici une excellente recette pour vous. Elle contribuera à améliorer le métabolisme de votre corps et augmenter la perte de poids. Ce jus est meilleur pris dans la matinée ou dans les 30 à 60 minutes avant un repas, ou même pour remplacer facilement un repas. Ce jus a une teneur élevée en potassium et en phosphore, ce qui permet de libérer les symptômes de stress. Donc, si vous êtes dans un mauvais jour, vous pouvez toujours vous détendre et profiter de cette boisson, elle vous aidera. Voici quelques autres grands effets de cette recette:

- Pomme: Excellente source de fibres sans trop de calories
- Carotte: Très riche en vitamine A, bonne pour améliorer la vision
- Concombre: Soulage la mauvaise haleine et réhydrate le corps

- Cépage: Réduit la capacité des cellules à stocker la graisse d'environ 130 pour cent, aide de manière significative dans la perte de poids
- Poivre: Stimule les globules blancs pour combattre l'infection, en construisant naturellement un bon système immunitaire
- Epinards: propriétés de haute alcalinité, il est le choix idéal pour les personnes souffrant des maladies inflammatoires, comme l'arthrose
- Tomate: améliore la santé du cœur en aidant à abaisser la pression artérielle

## Ingrédients:

- Pommes (vertes) - 2 moyennes 355g
- Carottes - 3 moyennes 180g
- Concombre – 1 concombre de 300g
- Raisins (vert) - 15 raisins, 90g
- Poivre (vert et sucré) - 1 sachet 115g
- Epinards - 2 tasses 60g
- Tomate - 1 moyenne 115g

## Préparation:

- Lavez tous les ingrédients. Eplucher si nécessaire.
- Les mettre tous ensemble dans la centrifugeuse pour en faire un jus.

Nombre de calories: 221

**Vitamines:** vitamine A 1325µg, vitamine C 114.2mg, vitamine B-6 0.701mg, vitamine E 2.79mg, vitamine K 270.1µg, calcium 171mg, 2.9mg de fer

**Minéraux:** 0.429mg de cuivre, de magnésium 112 mg, 185 mg de phosphore, sélénium 1.1mg, Zinc 1.31mg

## 42.   Fontaine Minérale

Peu importe quel genre de vie vous menez, vous devriez prendre le temps pour un jus sain qui peut être une excellente source de minéraux et de vitamines. Si vous voulez perdre du poids, améliorer votre santé, ou tout simplement vous sentir mieux, un jus naturel peut le faire pour vous. C'est un véritable ami quand il s'agit de l'amélioration de l'apparence de votre corps, comment il travaille et comment il se sent, et le résultat sera certainement positif. Voici les avantages de cette recette de jus.


- Pomme : Une pomme par jour réduit le risque de cancer du sein de 16 pour cent
- Betterave: Très bénéfique a la toxicité hépatique ou biliaires, et des maux tels que l'intoxication alimentaire, l'hépatite
- Racine de gingembre: réduit l'inflammation et inhibe la réplication du virus de l'herpès simplex

- Citron: l'ajout de jus de citron aidera à augmenter la perte de poids
- Ananas: Aide à lutter contre la formation de radicaux libres connus pour causer le cancer

**Ingrédients:**

- Pomme - 1 moyenne 180g
- Betterave - 1 betterave 80g
- Racine de gingembre - 1 pouce 24g
- Citron - 1/2 fruit 29g
- Ananas - 2 tranches 332g
- Epices de la Tarte à la citrouille (une pincée) - 1/4 cuillère à café de 0,42 g

**Préparation:**

- Lavez tous les ingrédients. Eplucher si nécessaire.
- Les mettre tous ensemble dans la centrifugeuse pour en faire un jus.

Nombre de calories: 179

**Vitamines:** vitamine A 11µg, vitamine C 121.4mg, vitamine B-6 0.385mg, 0,35 mg de vitamine E, vitamine K 4.5µg, Calcium 55mg, 1.53mg de fer

**Minéraux:** 0.36mg de cuivre, de magnésium 56 mg, 64 mg de phosphore, sélénium 0.8µg, Zinc 0.60mg

## 43. Ami de la Santé

Voici une recette de jus excellente et facile qui vous donnera des résultats incroyables de perte de poids et vous aidera à obtenir tous les éléments nutritifs nécessaires dont votre corps a besoin. C'est un excellent moyen de gagner du temps et optimiser votre journée. Vous pouvez facilement remplacer une collation malsaine avec ce jus. Voici les effets de ce jus:

- Asperge: Contient du potassium qui est connu pour réduire la graisse, et est également faible en sodium naturel et n'a pas de cholestérol, ce qui aide lorsque vous essayez de perdre du poids
- Céleri: A teneur élevée en antioxydants, et a un effet antibactérien contre la Salmonelle
- Coriandre: Est un purificateur d'eau naturel, et un nutriment essentiel qui est nécessaire à la formation et au maintien d'os solides

## Ingrédients:

- Asperges - 6 lances, 95g moyen
- Céleri - 3 branches, grande 185g
- Coriandre - 32g, 1 poignée

## Préparation:

- Lavez tous les ingrédients. Eplucher si nécessaire.
- Les mettre tous ensemble dans la centrifugeuse pour en faire un jus.

Nombre de calories: 20

**Vitamines:** vitamine A 131µg, vitamine C 14.2mg, vitamine B-6 0.185mg, vitamine E 1.63mg, vitamine K 139.1µg, calcium 84 mg, 2.09mg de fer

**Minéraux:** 0.218mg de cuivre, de magnésium 28 mg, 75 mg de phosphore, sélénium 2.1µg, Zinc 0.63mg

## 44. Jus Sucré

Vous aurez plaisir à faire cette recette de jus, elle est facile à préparer et tous les ingrédients sont délicieux. Donc, nous allons commencer, essayez de prendre ce jus au moins 30 à 60 minutes avant votre prochain repas. Le "Jus sucré" est un excellent moyen d'accélérer la perte de poids et améliorer votre santé en même temps. Si vous êtes prêt, passons en revue quelques-uns des avantages qui découleront de cette recette.

- Betterave: Riche en glucides ce qui signifie qu'elle est une grande source d'énergie instantanée, et utile pour aider à métaboliser les graisses
- Carotte: A une action de nettoyage sur le foie et abaisse les taux de cholestérol
- Patate douce: contient des éléments nutritifs anti-inflammatoires

### Ingrédients:

- Betterave – 1 betterave de 80g

- Carottes - 3 moyennes 181g
- Patate douce – une moitié, 63g

## Préparation:

- Lavez tous les ingrédients. Eplucher si nécessaire.
- Les mettre tous ensemble dans la centrifugeuse pour en faire un jus.

Nombre de calories: 85

**Vitamines:** vitamine A 1386µg, vitamine C 11.2mg, vitamine B-6 0,30 mg, vitamine E 0.92mg, vitamine K 17.4µg, calcium 63 mg, 1.10mg de fer

**Minéraux:** 0.165mg Cuivre, Magnésium 39mg, 87 mg de phosphore, sélénium 0.7µg, Zinc 0.61mg

## 45. La Vie Pure

Apportez cette recette de jus saine dans votre vie, les effets vont changer vos problèmes de poids d'une manière positive et rendre votre corps plus fort. Vous pouvez en boire à tout moment de la journée; assurez-vous de le faire 30 à 60 minutes avant un repas. Ok, donc nous allons voir maintenant ce que ce jus vous offre.

- Le melon amer: Contient un produit chimique qui agit comme l'insuline pour aider à réduire les niveaux de sucre dans le sang
- Pamplemousse: Fonctionne comme un excellent coupe-faim et également bénéfique dans le traitement de la fatigue
- Citron: Aide à guérir les problèmes respiratoires, et aide à augmenter la perte de poids

### Ingrédients:

- Le melon amer - 1 melon amer de 120g
- Pamplemousse – moitié, grande, 165g

- Citron (avec pelure) - 1 fruit 80g

## Préparation:

- Lavez tous les ingrédients. Eplucher si nécessaire.
- Les mettre tous ensemble dans la centrifugeuse pour en faire un jus.

Nombre de calories: 45

**Vitamines:** vitamine A 73µg, Vitamine C 142mg, vitamine B-6 0.131mg, vitamine E 0.23mg, 80µg folate, calcium 45 mg, 0.81mg de fer

**Minéraux:** 0.102mg Cuivre, Magnésium 27mg, 43 mg de phosphore, sélénium 0.7µg, Zinc 0.80mg

## 46. Le Temps des Vitamines

Nous voulons tous être en bonne santé, mais la plupart du temps, nous oublions que nous avons à agir de façon responsable pour cela. Les recettes de jus sont une excellente façon de résoudre ce problème. Juste deux minutes par jour et vous obtenez un grand flux de vitamines et de minéraux. «Le Temps des Vitamines" correspond à cette description et nous allons voir ce que ce jus nous offre.

- Pomme: contient de la pectine qui abaisse le cholestérol
- Carotte: Elimine l'excès de fluides du corps et réduit le risque d'AVC
- Racine de gingembre: aide à digérer les aliments gras et décompose les protéines, en aidant à réduire le poids
- Citron: inhibe le développement du cancer, et augmente la perte de poids

### Ingrédients:
- Pomme - 1 moyenne 180g

- Carottes - 8 moyennes 485g
- Racine de gingembre - 1 pouce 22g
- Citron - 1 fruit 82g

## Préparation:

- Lavez tous les ingrédients. Eplucher si nécessaire.
- Les mettre tous ensemble dans la centrifugeuse pour en faire un jus. Nombre de calories: 165

**Vitamines:** vitamine A 2851µg, vitamine C 56 mg, vitamine B-6 0.589mg, vitamine E 2.50mg, vitamine K 46.8µg, calcium 132 mg, 1.61mg de fer

**Minéraux:** 0.242mg de cuivre, de magnésium 58 mg, 145 mg de phosphore, sélénium 0.6µg, Zinc 0.94mg

## 47. ABC Délicieux

Il est préférable de prendre ce jus le matin parce que c'est un excellent moyen de donner à votre corps un regain d'énergie, et également pour garder votre esprit concentré et actif pour le reste de la journée. Si vous cherchez quelque chose pour vous aider pour tout ce qui est mentionné ci-dessus, ou si vous êtes tout simplement à la recherche d'une recette de jus qui permet de réduire la graisse, vous devriez essayer celle-ci. Voici quelques autres des avantages qu'elle possède :

• Pomme: stimule le système immunitaire et aide à détoxifier votre foie

• Betterave: Diminue la pression artérielle, très riche en fibres, est une grande source de bétaïne, un nutriment qui aide a protéger les cellules

• Carotte: prévient les maladies cardiaques et nettoie le corps

## Ingrédients:

- Pomme - 1 moyenne 180g
- Betterave - 1 betterave de 80g
- Carottes - 2 grandes 141g

## Préparation:

- Lavez tous les ingrédients. Eplucher si nécessaire.
- Les mettre tous ensemble dans la centrifugeuse pour en faire un jus.

Nombre de calories: 95

**Vitamines**: vitamine A 837µg. La vitamine C 13.5mg, vitamine B-6 0.21mg, vitamine E 0.88mg, la vitamine K 16.1µg, calcium 49 mg, 0.90mg de fer

**Minéraux**: 0.121mg de cuivre, de magnésium 31 mg, 71 mg de phosphore, sélénium 0.4µg, Zinc 0.47mg

## 48. Merveille en Trois

"Merveille en Trois" est une recette simple de jus qui peut être servi à toute la famille. N'hésitez pas à l'essayer et voir les résultats; Ce jus va vous apporter des choses positives dans votre vie, pour votre santé et le look d'un corps sain. Voyons comment le préparer et ce qu'il va apporter.

Pomme: Augmente la densité osseuse, stimule le système immunitaire et réduit le cholestérol

Betteraves: régénère et réactive les globules rouges et les réserves d'oxygène frais à l'organisme

Patate douce: Joue un rôle important dans nos niveaux d'énergie, l'humeur, le cœur, les nerfs, la peau et les dents.

### Ingrédients:

- Pommes - 2 moyennes, 360g
- Betterave - 1 betterave de 80g
- Patate douce - 135g

### Préparation :

- Lavez tous les ingrédients. Eplucher si nécessaire.
- Les mettre tous ensemble dans la centrifugeuse pour en faire un jus.

Nombre de calories: 175

**Vitamines:** vitamine A 643µg, vitamine C 16.5mg, vitamine B-6 0.331mg, vitamine E 0.71mg, la vitamine K 7.3µg, calcium 51 mg, Fer 1.31mg

**Minéraux:** 0.247mg de cuivre, de magnésium 48 mg, 92 mg de phosphore, sélénium 0.8µg, Zinc 0.56mg

## 49. Soirée des Saveurs

Plus d'excuses quand il s'agit de perdre du poids. "Saveur du soir" est une excellente recette de jus qui est parfaite pour le travail. Vous devez en boire le matin pour en obtenir le meilleur pour le reste de la journée. Ce jus ne prendra pas plus de 5 minutes pour le préparer, et pour ces 5 minutes, vous aurez des résultats impressionnants! Découvrez ce qui vous attend.

- Betterave:
- carotte:
- céleri:
- concombre:
- poire:
- Racine de gingembre:

## Ingrédients:

- Betterave (or) - 1 betterave 80g
- Carottes - 3 grandes 215g
- Céleri - 4 tiges, grande 255g

- concombre - 150g moitié de concombre
- racine de gingembre - 1/2 pouce 11g
- Poire (bosc) - 1 moyenne 174g

## Préparation:

- Lavez tous les ingrédients. Eplucher si nécessaire.
- Les mettre tous ensemble dans la centrifugeuse pour en faire un jus.

Nombre de calories: 147

**Vitamines:** vitamine A 1304µg, vitamine C 25 mg, vitamine B-6 0.462mg, vitamine E 1.66mg, vitamine K 1.82mg, calcium 158mg, 1.73mg de fer

**Minéraux:** 0.334mg Cuivre, Magnésium 75mg, 161mg de phosphore, sélénium 1.7µg, Zinc 1.15mg

## 50. Le temps des Légumes

Voici une excellente recette de jus que vous devez essayer. Si vous suivez un régime ou si vous voulez avoir un corps sain, ce jus vous aidera. Il est facile à préparer et vous devriez en boire le matin, comme une collation supplémentaire. Avec des ingrédients élevés en éléments nutritifs importants et très faibles en calories, il vous aidera à accélérer votre progression. Voyons quels sont les avantages qui vous attendent avec cette recette.

- Betterave: Elle combat l'inflammation et réduit votre pression artérielle
- Carottes: Grande source de bêta-carotène qui réduit le risque de cancer
- Céleri: Réduit le taux de cholestérol et régule l'équilibre alcalin
- Persil: Excellent purificateur et constructeur du sang
- Poivre: possède des propriétés antibactériennes et a effets antioxydants

- Radis: Un excellent moyen de satisfaire la faim et de garder un faible apport calorique
- Tomates: La fibre, potassium, vitamine C et choline contenus dans les tomates supportent tous la bonne santé du cœur.

## Ingrédients:

- Betterave – 1 betterave de 81g
- Carottes - 2 moyennes, 121g
- céleri - 2 tiges, grandes, 125g
- persil - 4 poignées, 160g
- Poivre (jalapeno) (graines / côtes enlevées) - 1 poivron de 13g
- Radis - 12 moyens, 50g
- Tomates - 4 tomates italiennes 246g

## Préparation:

- Lavez tous les ingrédients. Eplucher si nécessaire.
- Les mettre tous ensemble dans la centrifugeuse pour en faire un jus.

Nombre de calories: 100

**Vitamines:** vitamine A 1273µg, vitamine C 200.4mg, vitamine B-6 0.51mg, vitamine E 2.92mg, la vitamine K 1890.3µg, calcium 254mg, 8.45mg de fer

**Minéraux:** 0.403mg Cuivre, Magnésium 113mg, 190mg de phosphore, sélénium 1.1µg, Zinc 2.11mg

## AUTRES GRANDS TITRES DE CET AUTEUR

95 Recettes de Repas et de Boissons

Soyez Plus Grand, Plus Fort et Bien Bâti

95 Recettes de Repas et de Jus

Pour Diabétiques

Un Livre pour la Nutrition Quotidienne

Des Diabétiques

50 Recettes de Jus pour Abaisser votre Pression Sanguine

Réduire votre Pression Sanguine Facilement